다락원 홈페이지에서
MP3 파일 다운로드 및
실시간 재생 서비스

일상에서 만나는
중국어 독해 - 고급 -

지은이 왕러(王樂)
펴낸이 정규도
펴낸곳 (주)다락원

초판 1쇄 발행 2025년 11월 3일

편집장 이상윤
편집 오혜령
디자인 구수정
조판 최영란
일러스트 윤세정, Shutterstock
성우 王樂, 朴龙君, 권영지

다락원 경기도 파주시 문발로 211
전화 (02)736-2031 (내선 250~252 / 내선 430, 435)
팩스 (02)732-2037
출판등록 1977년 9월 16일 제406-2008-000007호

Copyright ⓒ 2025, 왕러

저자 및 출판사의 허락 없이 이 책의 일부 또는 전부를 무단 복제·전재·발췌할 수 없습니다. 구입 후 철회는 회사 내규에 부합하는 경우에 가능하므로 구입처에 문의하시기 바랍니다. 분실·파손 등에 따른 소비자 피해에 대해서는 공정거래위원회에서 고시한 소비자 분쟁 해결 기준에 따라 보상 가능합니다. 잘못된 책은 바꿔 드립니다.

ISBN 978-89-277-2350-9 14720
      978-89-277-2339-4 (set)

www.darakwon.co.kr
다락원 홈페이지를 방문하시면 상세한 출판 정보와 함께 동영상 강좌, MP3 자료 등 다양한 어학 정보를 얻으실 수 있습니다.

저자의 말

　중국어를 배우는 것은 새로운 문을 여는 것과 같아서, 문 뒤에는 놀라움이 가득한 미지의 세계가 펼쳐져 있습니다. 이 책은 여러분을 이 멋진 세계로 이끄는 황금 열쇠가 될 것입니다. 중국어의 발음, 한자, 어법은 한국어와 많이 다를 수 있지만, 흥미와 인내심을 가지고 이 책을 공부하다 보면, 여러분은 어려움을 극복하고 원하는 수준의 발전을 이룰 수 있을 것입니다.

　이 책은 한국어와 중국어의 특징을 결합하여 발음과 어휘, 어법을 더 쉽게 이해할 수 있도록 도와줍니다. 책에는 풍부한 문화 지식뿐만 아니라, 중국인들의 일상이 잘 녹여져 있어서 언어를 배우는 동시에 중국 문화의 매력까지 느낄 수 있을 것입니다.

　이 책을 배우는 과정에서 한자, 성조, 어법과 같은 어려움에 직면할 수 있지만, 좌절하지 마세요. 왜냐하면, 모든 한자는 그림처럼 독특한 이야기를 담고 있고, 모든 중국어는 시처럼 풍부한 감정을 전달하기 때문입니다. 배움이 깊어질수록 여러분은 점차 중국어의 매력을 발견하고 그 안에서 오는 성취감을 즐길 수 있을 것입니다.

　여러분의 학습 과정이 더욱 쉽고 재미있기를 바라며 매 과의 본문, 어법 속 예문, 그리고 연습 문제를 정성껏 설계했습니다. 일을 위해서든, 유학을 위해서든, 아니면 단순히 중국어와 중국 문화에 대한 관심에서든, 이 책이 여러분의 중국어 학습에 큰 도움이 될 수 있을 것이라고 믿습니다.

　중국어를 배우는 과정에서 언어 능력을 키우는 것뿐만 아니라 더 넓은 시야도 가질 수 있기를 바랍니다. 기억하세요. 모든 노력은 새로운 성과를 가져다 줍니다. 여러분이 중국어 학습의 길에서 점점 더 멀리 나아가 이 도전과 즐거움이 가득한 여정을 즐기기를 바랍니다!

왕러

이 책의 순서

저자의 말 3
이 책의 순서 4
이 책의 구성 및 활용 6

| 1과 | 宠物改变我的生活
반려동물이 나의 생활을 바꾸다 | (1) 在……下
(2) 要不……吧
(3) 一旦……(就)…… | 10 |

| 2과 | 宋朝就有外卖小哥
송나라 때 배달라이더가 있었다 | (1) 早在……，就……
(2) 可谓是
(3) ……所在 | 20 |

| 3과 | 从微信昵称看一个人的性格
위챗 닉네임으로 알아보는 사람의 성격 | (1) 방향보어 上/出의 파생적 의미
(2) 동태조사 着
(3) 因A……而B | 30 |

| 4과 | 养育孩子，就等于重新养育自己
아이를 키운다는 것은 자신을 다시 돌보는 것과 같다 | (1) 过+형용사
(2) 像
(3) 也就是说 | 40 |

| 5과 | 网络小说的代入感
웹소설의 몰입감 | (1) (将/把)……동사+为……
(2) 以
(3) 也就意味着 | 50 |

| 6과 | 情绪价值成为人们的关注点
사람들에게 주목받는 정서적 가치 | (1) 동사+起来
(2) 可见 | 60 |

7과	如何看待年轻人的佛系就业观？ 청년 세대의 불계 취업관을 어떻게 바라볼 것인가?	(1) 而……则/却 (2) 更……，而非(而不是) (3) 为……而……	70
8과	智能技术对人类的冲击 AI(인공지능) 기술이 인류에게 주는 타격	(1) 겸어문(사역문) (2) 总的来说	80
9과	气候变化是传染病发生的一大原因 기후 변화는 감염병 발생의 가장 큰 원인이다	(1) ……以来 (2) 应该/可以/要A……，以便B…… (3) 以此来	90
10과	"跨代共居"的养老模式 새로운 노인 요양 방식 '세대 간 공동거주'	(1) 00后 (2) 处于……阶段 (3) 将/把A与/和B相结合	100
11과	AI复原，是一种暖心的技术 마음이 따뜻해지는 기술, AI 복원	(1) 以其 (2) 旨在 (3) 仿佛	110
12과	南方小土豆勇闯哈尔滨 남방의 작은 감자들이 용감하게 하얼빈에 뛰어들다	(1) 相对……来说 (2) 동사+向 (3) 之所以A……，无非是B……	120
부록	Plus 유의어 비교 ································· 130 Plus 고정 짝꿍 ······································ 137 본문 해석 ·· 144 확인하기 & 문제 만나기 정답 ············· 152 단어 색인 ·· 156		

이 책의 구성 및 활용

본책

본문 만나기

일상에서 자주 접할 수 있는 친근한 주제들로 구성된 독해 본문입니다. 또한 본문 내용을 잘 이해했는지 체크할 수 있는 확인 문제도 제시되어 있습니다. 고급편은 HSK 5~6급 수준의 단어들로 구성되어 있고, 본문 바로 아래에 새 단어를 배치하여 모르는 단어를 바로 확인할 수 있도록 했습니다.

어법 만나기

독해 문장 속 주요 어법들을 간결하게 설명하고 예문과 함께 제시하여 학습자들이 쉽게 이해할 수 있도록 했습니다. 또한, 본문 속 유의어의 차이점을 비교하고, 자주 쓰이는 고정 짝꿍도 예문과 함께 정리했습니다.

문제 만나기

각 과에서 배운 핵심 표현을 이해하고 연습할 수 있는 다양한 문제들이 제시되어 있습니다.

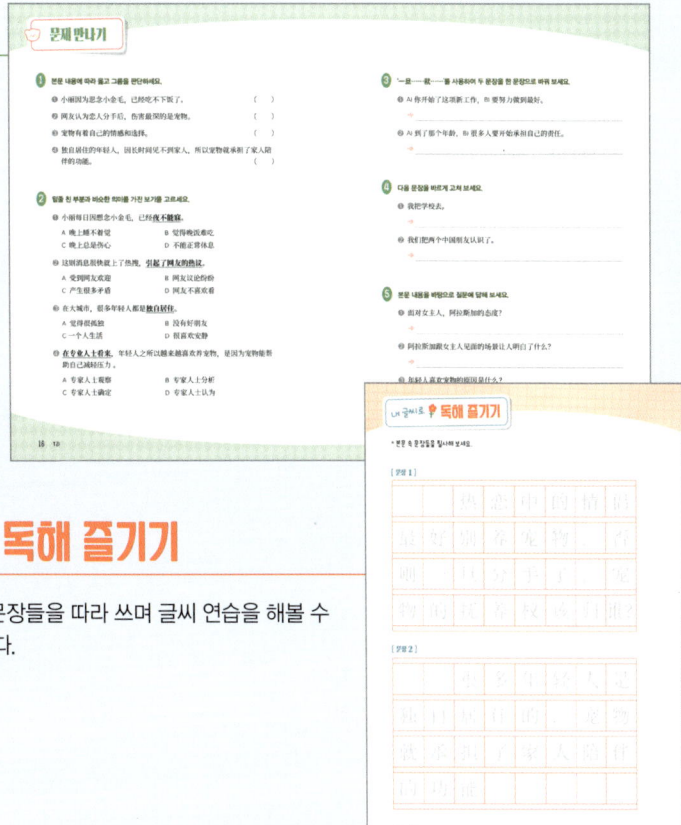

내 글씨로 **독해 즐기기**

본문 속 핵심 문장들을 따라 쓰며 글씨 연습을 해볼 수 있도록 했습니다.

부록

Plus 유의어 비교, 고정 짝꿍

어법 만나기에서 소개한 내용 이외에 본문에 나왔던 다양한 유의어들과 고정 짝꿍을 추가로 학습할 수 있도록 했습니다.

MP3 음원

교재 페이지마다 해당 MP3 음원의 QR코드가 기재되어 있습니다. 네이티브 중국인 저자가 직접 녹음한 음원을 반복해서 들으며 공부해 보세요.

MP3 다운로드
- MP3 음원은 '다락원 홈페이지(www.darakwon.co.kr)'를 통해서 무료로 다운로드하실 수 있습니다.
- 스마트폰으로 QR코드를 스캔하면 MP3 다운로드 및 실시간 재생 가능한 페이지로 바로 연결됩니다.

1과

宠物改变我的生活

반려동물이 나의 생활을 바꾸다

宠物改变我的生活
Chǒngwù gǎibiàn wǒ de shēnghuó

小丽在跟男朋友分手以后，同时也失去了自己喜欢的
Xiǎolì zài gēn nánpéngyou fēnshǒu yǐhòu, tóngshí yě shīqùle zìjǐ xǐhuan de

宠物小金毛的陪伴。小丽每日因想念小金毛，已经夜不
chǒngwù xiǎojīnmáo de péibàn. Xiǎolì měirì yīn xiǎngniàn xiǎojīnmáo, yǐjīng yè bù

能寐。于是在某天深夜，偷偷地回到了前男友家，将小金毛
néng mèi. Yúshì zài mǒutiān shēnyè, tōutōu de huídàole qián nányǒu jiā, jiāng xiǎojīnmáo

带走。刚开始小金毛似乎有些不情愿，但在❶小丽亲切地
dàizǒu. Gāng kāishǐ xiǎojīnmáo sìhū yǒuxiē bù qíngyuàn, dàn zài Xiǎolì qīnqiè de

抚慰下❶，最终还是乖乖地跟随小丽离开了前男友家。
fǔwèi xià, zuìzhōng háishi guāiguāi de gēnsuí Xiǎolì líkāile qián nányǒu jiā.

这则消息很快就上了热搜，引起了网友的热议，有人说：
Zhè zé xiāoxi hěn kuài jiù shàngle rè sōu, yǐnqǐle wǎngyǒu de rèyì, yǒurén shuō:

宠物 chǒngwù 반려동물, 애완동물 ◆ 分手 fēnshǒu 헤어지다, 이별하다 ◆ 失去 shīqù 잃다, 잃어버리다 ◆ 小金毛 xiǎojīnmáo 골든 리트리버[견종] ◆ 陪伴 péibàn 동반하다, 동행하다, 시간을 함께 보내다 ◆ 想念 xiǎngniàn 그리워하다 ◆ 夜不能寐 yè bù néng mèi 밤에 잠을 못 이루다 ◆ 于是 yúshì 그래서, 그리하여 ◆ 某天 mǒu tiān 어느 날 ◆ 深夜 shēnyè 늦은 밤, 깊은 밤 ◆ 偷偷地 tōutōu de 남몰래, 슬그머니 ◆ 似乎 sìhū 마치(~인 것 같다) ◆ 情愿 qíngyuàn 진심으로 원하다, 달게 받다 ◆ 亲切 qīnqiè 친근하다, 친절하다, 다정하다 ◆ 抚慰 fǔwèi 위안하다, 위로하다, 쓰다듬다 ◆ 乖乖地 guāiguāi de 순순히, 가만히, 고분고분 ◆ 跟随 gēnsuí 뒤따르다, 동행하다, 따라가다 ◆ 则 zé 편, 조항, 문제 ◆ 消息 xiāoxi 정보, 뉴스, 보도, 기사 ◆ 热搜 rè sōu 인기 검색어, 실검(실시간 검색), 메인 ◆ 引起 yǐnqǐ (주의를) 끌다, 야기하다, 일으키다 ◆ 网友 wǎngyǒu 네티즌 ◆ 热议 rèyì 열띤 토론을 벌이다

"要不❷你们还是和好吧❷，分手后伤害最深的是小金毛呀。"
"Yàobù nǐmen háishi héhǎo ba, fēnshǒu hòu shānghài zuì shēn de shì xiǎojīnmáo ya."

有人说："热恋中的情侣最好别养宠物，否则一旦❸分手了，
Yǒurén shuō: "Rèliàn zhōng de qínglǚ zuìhǎo bié yǎng chǒngwù, fǒuzé yídàn fēnshǒule,

宠物的抚养权该归谁？"然而，也有一则新闻报道说，
chǒngwù de fǔyǎng quán gāi guī shéi?" Rán'ér, yě yǒu yì zé xīnwén bàodào shuō,

要不 yàobù 그렇지 않으면, 아니면 ● 和好 héhǎo 화해하다, 사이가 다시 좋아지다 ● 伤害 shānghài 상해하다, 해치다, 상해, 상처 ● 热恋 rèliàn 열애하다, 정열적으로 사랑하다 ● 情侣 qínglǚ 사랑하는 사람, 애인, 연인 ● 养 yǎng 기르다, 사육하다 ● 否则 fǒuzé 안 그러면, 그렇지 않으면 ● 抚养权 fǔyǎng quán 양육권 ● 归 guī 돌아가다, 돌려주다, 돌아오다 ● 然而 rán'ér 그렇지만, 그러나 ● 新闻报道 xīnwén bàodào 보도 기사, 뉴스 보도

宠物改变我的生活

有一只阿拉斯加在主人分手后，听到女主人的召唤后就
yǒu yì zhī ālāsījiā zài zhǔrén fēnshǒu hòu, tīngdào nǚzhǔrén de zhàohuàn hòu jiù

悄悄地走到门口，似乎在等待女主人把它带走。这个场景
qiāoqiāo de zǒudào ménkǒu, sìhū zài děngdài nǚzhǔrén bǎ tā dàizǒu. Zhège chǎngjǐng

让人感叹宠物的深情，也让人明白，宠物也有着自己的
ràng rén gǎntàn chǒngwù de shēnqíng, yě ràng rén míngbai, chǒngwù yě yǒuzhe zìjǐ de

情感和选择。
qínggǎn hé xuǎnzé.

在现代社会中，越来越多的年轻人开始养宠物。
Zài xiàndài shèhuì zhōng, yuèláiyuè duō de niánqīngrén kāishǐ yǎng chǒngwù.

他们把宠物看作是家庭中的一员，对宠物的关爱甚至
Tāmen bǎ chǒngwù kànzuò shì jiātíng zhōng de yìyuán, duì chǒngwù de guān'ài shènzhì

超过了对自己的关爱。在专业人士看来，年轻人之所以越来越
chāoguòle duì zìjǐ de guān'ài. Zài zhuānyè rénshì kànlái, niánqīngrén zhīsuǒyǐ yuèláiyuè

喜欢养宠物，是因为宠物能帮助自己减轻工作、学习
xǐhuan yǎng chǒngwù, shìyīnwèi chǒngwù néng bāngzhù zìjǐ jiǎnqīng gōngzuò、xuéxí

带来的压力，而且在大城市，很多年轻人是独自居住的，
dàilái de yālì, érqiě zài dàchéngshì, hěn duō niánqīngrén shì dúzì jūzhù de,

---

◆ **阿拉斯加** ālāsījiā 말라뮤트 [견종] ◆ **主人** zhǔrén 주인, 소유주 ◆ **召唤** zhàohuàn 부르다 ◆ **悄悄地** qiāoqiāo de 살그머니, 살며시, 조용히 ◆ **门口** ménkǒu 입구, 현관 ◆ **等待** děngdài 기다리다 ◆ **场景** chǎngjǐng 장면, 모습 ◆ **感叹** gǎntàn 감탄하다 ◆ **深情** shēnqíng 깊은(두터운) 정, 깊은 친분 ◆ **情感** qínggǎn 정감, 감정 ◆ **看作** kànzuò ~로 보다, ~로 간주하다 ◆ **一员** yìyuán 일원, 구성원 ◆ **关爱** guān'ài 사랑, 관심 ◆ **甚至** shènzhì 심지어, 더욱이 ◆ **超过** chāoguò 초과하다, 상회하다 ◆ **专业人士** zhuānyè rénshì 전문인사, 전문가 ◆ **减轻** jiǎnqīng 경감하다, 덜다, 가볍게 하다, 줄이다 ◆ **压力** yālì 스트레스 ◆ **大城市** dàchéngshì 대도시, 큰 도시 ◆ **独自** dúzì 단독으로, 혼자서 ◆ **居住** jūzhù 살다, 거주하다

很长一段时间见不到家人，这时候，宠物就承担了家人
hěn cháng yíduàn shíjiān jiàn bu dào jiārén, zhè shíhou, chǒngwù jiù chéngdānle jiārén

陪伴的功能。
péibàn de gōngnéng.

확인하기

1. 샤오리가 남자친구와 헤어진 후 가장 힘들었던 일은 무엇인가요?
   ① 晚上睡不着觉　　　　　② 想念自己的男朋友
   ③ 小金毛喜欢男朋友　　　④ 不能和小金毛在一起

2. 샤오리가 아기 골든 리트리버를 훔치러 갔을 때 처음에 골든 리트리버의 태도는 어땠나요?
   ① 非常高兴　　　　　　② 讨厌小丽
   ③ 不太喜欢　　　　　　④ 充满好奇

3. 말라뮤트 뉴스를 통해 무엇을 알 수 있나요?
   ① 宠物都喜欢女主人　　② 宠物有自己的选择
   ③ 交往时不要养宠物　　④ 要和宠物培养感情

4. 대도시에서 젊은이들에게 반려동물은 어떤 기능을 맡고 있나요?
   ① 像家人一样陪伴　　　② 通过宠物交朋友
   ③ 和年轻人一起旅行　　④ 保护年轻人的安全

家人 jiārén 가족, 식구 ◆ **承担** chéngdān 담당하다, 맡다 ◆ **功能** gōngnéng 기능, 작용, 효능 ◆ **讨厌** tǎoyàn 싫어하다, 미워하다 ◆ **充满** chōngmǎn 가득차다, 충만하다, 넘치다 ◆ **好奇** hàoqí 호기심이 많다 ◆ **交往** jiāowǎng 왕래하다, 교제하다 ◆ **保护** bǎohù 보호(하다) ◆ **安全** ānquán 안전(하다)

어법 만나기

❶ 在……下 ~하에, ~으로

'在……下'는 주로 어떤 조건이 있기 때문에 그 이후의 결과가 있다는 것을 나타낸다. 형식은 '在……的+동사+下'로, 여기에서 동사는 '帮助, 教育, 支持, 鼓励, 启发' 등이 주로 쓰인다.

- 在老师的帮助下，我考上了大学。 선생님의 도움으로 나는 대학에 붙었다.
  Zài lǎoshī de bāngzhù xià, wǒ kǎoshàngle dàxué.

- 在朋友的鼓励下，我有了自信。 친구의 격려로 나는 자신감이 생겼다.
  Zài péngyou de gǔlì xià, wǒ yǒule zìxìn.

❷ 要不……吧 아니면 ~해라/하자

'要不……吧'는 상대방이 자신의 생각에 동의하거나 자신의 관점을 인정해주기를 바라는 것으로 '이렇게 하는 것이 가장 좋다'라는 뜻과 유사하다.

- 要不你戒烟吧。 → 你最好戒烟。 / 你应该戒烟。
  Yàobù nǐ jièyān ba. → Nǐ zuìhǎo jièyān. / Nǐ yīnggāi jièyān.
  아니면 너 담배 끊어라. → 너 담배 끊는 것이 좋겠어. / 너 담배 끊어야 해.

- 要不你等我一会儿吧。 → 你最好等我一会儿。
  　　　　　　　　　　　 / 你应该等我一会儿。
  Yàobù nǐ děng wǒ yíhuìr ba. → Nǐ zuìhǎo děng wǒ yíhuìr. / Nǐ yīnggāi děng wǒ yíhuìr.
  아니면 너 잠깐 나 기다려 줘. → 네가 날 좀 기다려 줬으면 좋겠어. / 날 기다려야 해.

❸ 一旦……(就)…… 일단 ~(면)

부사 '一旦'은 불확실한 시간을 강조하며 '만약 어느 날' 또는 '갑자기 어느 날'의 뜻을 나타낸다. 종종 '就'와 함께 쓰인다.

- 一旦发生地震，就要去安全地带。
  Yídàn fāshēng dìzhèn, jiùyào qù ānquán dìdài.
  일단 지진이 발생하면 안전한 곳으로 가야 한다.

- 你一旦结婚了，就要承担家庭的责任。
  Nǐ yídàn jiéhūnle, jiùyào chéngdān jiātíng de zérèn.
  일단 결혼했다면 가정에 책임을 져야 한다.

◆ 유의어 비교

偷偷地 몰래, 슬그머니

일반적으로 다른 사람에게 알리고 싶지 않거나 발각되길 바라지 않는 행위를 묘사할 때 쓰인다.

他偷偷地把作业撕掉了。
Tā tōutōu de bǎ zuòyè sīdiàole.
그는 몰래 숙제를 찢어 버렸다.
(다른 사람에게 알리고 싶지 않음)

悄悄地 조용히, 살그머니

일반적으로 동작이 가볍고 소리를 내지 않는 것을 묘사할 때 쓰인다.

他走到我身边悄悄地告诉我，他快要结婚了。
Tā zǒudào wǒ shēnbiān qiāoqiāo de gàosu wǒ, tā kuàiyào jiéhūnle.
그는 내 곁으로 와서 조용히 나에게 그가 곧 결혼할 거라고 말했다.
(다른 사람이 듣지 못하도록 함)

◆ 고정 짝꿍

失去了……的陪伴 ~와 함께 하지 못하다	生活中失去了你的陪伴，孤独的情绪总是让我很焦虑。 Shēnghuó zhōng shīqùle nǐ de péibàn, gūdú de qíngxù zǒngshì ràng wǒ hěn jiāolǜ. 삶에서 네가 곁에 없으니 고독한 심정이 항상 나를 불안하게 만든다.
在……下 ~하에, ~으로	在老师的帮助下，我顺利地毕业了。 Zài lǎoshī de bāngzhù xià, wǒ shùnlì de bìyèle. 선생님의 도움으로 나는 무사히 졸업했다.
上了热搜 실시간 검색에 오르다	大熊猫福宝坐飞机回到四川省的新闻上了热搜。 Dàxióngmāo Fúbǎo zuò fēijī huídào Sìchuān Shěng de xīnwén shàngle rè sōu. 판다 푸바오가 비행기를 타고 쓰촨성으로 돌아왔다는 뉴스가 실시간 검색에 올랐다.
引起……热议 열띤 토론을 불러일으키다	这部电影中的敏感内容引起了观众的热议。 Zhè bù diànyǐng zhōng de mǐngǎn nèiróng yǐnqǐle guānzhòng de rèyì. 이 영화의 민감한 내용이 관객들의 열띤 토론을 불러일으켰다.
把……看作(是) ~를 ~로 간주하다	我把困难看作是成长的机会。 Wǒ bǎ kùnnan kànzuò shì chéngzhǎng de jīhuì. 나는 어려움을 성장의 기회로 여긴다.
在……看来 ~가 보기에	在我看来，你的工作很具有挑战性。 Zài wǒ kànlái, nǐ de gōngzuò hěn jùyǒu tiǎozhànxìng. 제가 보기에 당신의 직업은 매우 도전성이 있는 것 같습니다.
减轻……压力 ~한 스트레스를 줄이다	旅游是减轻生活中的压力的最好办法。 Lǚyóu shì jiǎnqīng shēnghuó zhōng de yālì de zuìhǎo bànfǎ. 여행은 생활 속 스트레스를 줄이는 가장 좋은 방법이다.

문제 만나기

1 본문 내용에 따라 옳고 그름을 판단하세요.

❶ 小丽因为思念小金毛，已经吃不下饭了。　　　　　　　（　）

❷ 网友认为恋人分手后，伤害最深的是宠物。　　　　　　（　）

❸ 宠物有着自己的情感和选择。　　　　　　　　　　　　（　）

❹ 独自居住的年轻人，因长时间见不到家人，所以宠物就承担了家人陪伴的功能。　　　　　　　　　　　　　　　　　　（　）

2 밑줄 친 부분과 비슷한 의미를 가진 보기를 고르세요.

❶ 小丽每日因想念小金毛，已经<u>夜不能寐</u>。

　　A 晚上睡不着觉　　　　　B 觉得晚饭难吃
　　C 晚上总是伤心　　　　　D 不能正常休息

❷ 这则消息很快就上了热搜，<u>引起了网友的热议</u>。

　　A 受到网友欢迎　　　　　B 网友议论纷纷
　　C 产生很多矛盾　　　　　D 网友不喜欢看

❸ 在大城市，很多年轻人都是<u>独自居住</u>。

　　A 觉得很孤独　　　　　　B 没有好朋友
　　C 一个人生活　　　　　　D 很喜欢安静

❹ <u>在专业人士看来</u>，年轻人之所以越来越喜欢养宠物，是因为宠物能帮助自己减轻压力。

　　A 专家人士观察　　　　　B 专家人士分析
　　C 专家人士确定　　　　　D 专家人士认为

3 '一旦……就……'를 사용하여 두 문장을 한 문장으로 바꿔 보세요.

① A) 你开始了这项新工作，B) 要努力做到最好。

→ _____

② A) 到了那个年龄，B) 很多人要开始承担自己的责任。

→ _____

4 다음 문장을 바르게 고쳐 보세요.

① 我把学校去。

→ _____

② 我们把两个中国朋友认识了。

→ _____

5 본문 내용을 바탕으로 질문에 답해 보세요.

① 面对女主人，阿拉斯加的态度？

→ _____

② 阿拉斯加跟女主人见面的场景让人明白了什么？

→ _____

③ 年轻人喜欢宠物的原因是什么？

→ _____

내 글씨로 독해 즐기기

■ 본문 속 문장들을 필사해 보세요.

[문장 1]

		热	恋	中	的	情	侣
最	好	别	养	宠	物	，	否
则	一	旦	分	手	了	，	宠
物	的	抚	养	权	该	归	谁?

[문장 2]

		很	多	年	轻	人	是
独	自	居	住	的	，	宠	物
就	承	担	了	家	人	陪	伴
的	功	能	。				

2과
宋朝就有外卖小哥
송나라 때 배달라이더가 있었다

宋朝就有外卖小哥
Sòngcháo jiù yǒu wàimài xiǎogē

在现代社会，外卖已经成为了人们生活中不可
Zài xiàndài shèhuì, wàimài yǐjīng chéngwéile rénmen shēnghuó zhōng bù kě

或缺的一部分，随着科技的发展，外卖服务变得越来越便捷，
huò quē de yíbùfen, suízhe kējì de fāzhǎn, wàimài fúwù biàn de yuèláiyuè biànjié,

满足了人们对于各种美食的需求。然而，你是否知道，早在❶
mǎnzúle rénmen duìyú gèzhǒng měishí de xūqiú. Rán'ér, nǐ shìfǒu zhīdào, zǎozài

宋朝时期，就❶已经诞生了最早的外卖服务，并且还有专门
Sòngcháo shíqī, jiù yǐjīng dànshēngle zuìzǎo de wàimài fúwù, bìngqiě háiyǒu zhuānmén

从事外卖的小哥。
cóngshì wàimài de xiǎogē.

宋朝时期，中国南方地区的外卖服务非常发达，当时
Sòngcháo shíqī, Zhōngguó nánfāng dìqū de wàimài fúwù fēicháng fādá, dāngshí

的外卖小哥们背着特制的竹篮，将各种小吃打包放入篮子
de wàimài xiǎogēmen bēizhe tèzhì de zhúlán, jiāng gèzhǒng xiǎochī dǎbāo fàngrù lánzi

宋朝 Sòngcháo 송조, 송나라 시대 ◆ **外卖** wàimài 배달 음식, 포장 판매하다 ◆ **小哥** xiǎogē 젊은 남성[특히 서비스 업종에 종사하는 젊은 남자를 친근하게 부르는 용어] ◆ **不可或缺** bù kě huò quē 없어서는 안 된다, 필수 불가결하다 ◆ **科技** kējì 과학 기술 ◆ **便捷** biànjié 간편하다, 민첩하다 ◆ **美食** měishí 맛있는 음식 ◆ **需求** xūqiú 수요, 필요(로 하다), 요구(되다) ◆ **诞生** dànshēng 탄생하다, 태어나다 ◆ **专门** zhuānmén 전문적으로, 오로지 ◆ **从事** cóngshì 종사하다, 일을 하다 ◆ **发达** fādá 발달하다, 번성하다 ◆ **背** bēi 업다, (등에) 짊어지다 ◆ **特制** tèzhì 특별 제조하다 ◆ **竹篮** zhúlán 대바구니 ◆ **小吃** xiǎochī 간단한 음식 ◆ **打包** dǎbāo 포장하다 ◆ **篮子** lánzi 바구니, 광주리

中，然后奔跑于热闹的街道之间，将美味送到顾客手中。
zhōng, ránhòu bēnpǎo yú rènao de jiēdào zhījiān, jiāng měiwèi sòngdào gùkè shǒuzhōng.

这些外卖小哥们有着丰富的经验，熟悉街道的每一个角落，
Zhèxiē wàimài xiǎogēmen yǒuzhe fēngfù de jīngyàn, shúxī jiēdào de měi yí ge jiǎoluò,

他们的迅速和准确令人惊叹。他们甚至可以根据顾客的口味
tāmen de xùnsù hé zhǔnquè lìng rén jīngtàn. Tāmen shènzhì kěyǐ gēnjù gùkè de kǒuwèi

和需求，为其定制美食，可谓是❷一种精湛的技艺。
hé xūqiú, wèi qí dìngzhì měishí, kěwèi shì yì zhǒng jīngzhàn de jìyì.

奔跑 bēnpǎo 빨리 뛰다, 분주히 싸다니다 ◆ **街道** jiēdào 거리, 큰길 ◆ **美味** měiwèi 맛있는 음식, 별미 ◆ **顾客** gùkè 고객, 손님 ◆ **手中** shǒuzhōng 수중, 손안 ◆ **熟悉** shúxī 익히 알다, 상세히 알다, 충분히 알다 ◆ **角落** jiǎoluò 구석, 모퉁이, 구석진 곳 ◆ **迅速** xùnsù 신속하다, 재빠르다 ◆ **准确** zhǔnquè 확실하다, 정확하다 ◆ **惊叹** jīngtàn 경탄하다, 감탄하다, 놀라다 ◆ **定制** dìngzhì 주문하여 만들다, 맞춤 제작하다 ◆ **可谓** kěwèi ~라고 말할 수 있다, ~라고 할 만하다 ◆ **精湛** jīngzhàn 능란하다, 뛰어나다, (조예가) 깊다 ◆ **技艺** jìyì 기예, 기술, 재주

外卖小哥们的存在，不仅丰富了人们对饮食的选择，也为
Wàimài xiǎogēmen de cúnzài, bùjǐn fēngfùle rénmen duì yǐnshí de xuǎnzé, yě wèi

城市的繁荣发展提供了一份力量。他们在不断地满足人们
chéngshì de fánróng fāzhǎn tígōngle yí fèn lìliang. Tāmen zài búduàn de mǎnzú rénmen

对美食的需求的同时，也促进了食材的流通和市场的繁荣。
duì měishí de xūqiú de tóngshí, yě cùjìnle shícái de liútōng hé shìchǎng de fánróng.

可以说，这些宋代的外卖小哥们，早已为现代外卖产业
Kěyǐ shuō, zhèxiē Sòngdài de wàimài xiǎogēmen, zǎoyǐ wèi xiàndài wàimài chǎnyè

奠定了坚实的基础。
diàndìngle jiānshí de jīchǔ.

如今，我们已经迈入了一个高度发达的信息时代，外卖
Rújīn, wǒmen yǐjīng màirùle yí ge gāodù fādá de xìnxī shídài, wàimài

服务更加便捷和多样化。然而，在享受现代外卖便利的
fúwù gèngjiā biànjié hé duōyànghuà. Rán'ér, zài xiǎngshòu xiàndài wàimài biànlì de

同时，我们也可以想象一下那些背着竹篮奔跑在街头巷尾
tóngshí, wǒmen yě kěyǐ xiǎngxiàng yíxià nàxiē bēizhe zhúlán bēnpǎo zài jiētóu xiàngwěi

的宋朝外卖小哥们，这些外卖小哥们用他们的双手
de Sòngcháo wàimài xiǎogēmen, zhèxiē wàimài xiǎogēmen yòng tāmen de shuāngshǒu

和智慧，创造了一个个美味的传奇。无论是古代的竹篮外卖，
hé zhìhuì, chuàngzàole yígègè měiwèi de chuánqí. Wúlùn shì gǔdài de zhúlán wàimài,

---

◆ **存在** cúnzài 존재(하다), 현존(하다) ◆ **饮食** yǐnshí 음식, 음식을 먹고 마시다 ◆ **繁荣** fánróng 번영하다, 번창하다 ◆ **力量** lìliang 힘, 능력, 역량 ◆ **不断** búduàn 끊임없이, 부단히, 늘 ◆ **促进** cùjìn 촉진하다 ◆ **食材** shícái 식자재, 식재료 ◆ **流通** liútōng 유통(하다) ◆ **产业** chǎnyè 산업 ◆ **奠定** diàndìng 다지다, 닦다, 쌓다 ◆ **坚实** jiānshí 견고하다, 튼튼하다, 견실하다 ◆ **基础** jīchǔ 토대, 기초 ◆ **如今** rújīn 지금, 이제, 오늘날 ◆ **迈入** màirù 진입하다, 발을 내딛다 ◆ **高度** gāodù 고도, 정도가 매우 높다 ◆ **信息** xìnxī 정보, 소식 ◆ **多样化** duōyànghuà 다양화(하다) ◆ **享受** xiǎngshòu 누리다, 즐기다 ◆ **想象** xiǎngxiàng 상상하다 ◆ **街头巷尾** jiētóu xiàngwěi 거리와 골목(의 이곳저곳) ◆ **智慧** zhìhuì 지혜, 슬기 ◆ **创造** chuàngzào 창조하다, 만들다 ◆ **传奇** chuánqí 전설, 전기, 레전드

还是现代的手机点餐，外卖文化所传递的都是一种便利、
háishi xiàndài de shǒujī diǎncān, wàimài wénhuà suǒ chuándì de dōu shì yì zhǒng biànlì、

创新和服务精神，这也是外卖的魅力所在❸。
chuàngxīn hé fúwù jīngshén, zhè yěshì wàimài de mèilì suǒzài.

😊 확인하기

1. 과학 기술의 발전은 배달에 어떤 변화를 가져왔나요?
   - ❶ 点外卖的人越来越多
   - ❷ 美食的种类更加繁多
   - ❸ 让人们的生活更加幸福
   - ❹ 满足人们对美食的需求

2. 송나라 배달 라이더들의 뛰어난 기술은 무엇인가요?
   - ❶ 为顾客定制美食
   - ❷ 为顾客挑选口味
   - ❸ 会做各地区的美食
   - ❹ 了解南方地区的街道

3. 송나라 배달 라이더들의 존재는 어느 방면의 번영을 촉진시켰나요?
   - ❶ 文化
   - ❷ 经济
   - ❸ 科技
   - ❹ 建筑

4. 송나라 배달 라이더들은 그들의 지혜로 무엇을 창조했나요?
   - ❶ 美食的种类
   - ❷ 美味的传奇
   - ❸ 精湛的烹饪技术
   - ❹ 宋朝的外卖地图

点餐 diǎncān (요리를) 시키다, 주문하다 ◆ **传递** chuándì 전달하다, 전하다 ◆ **创新** chuàngxīn (새 것을) 창조하다, 혁신하다 ◆ **魅力** mèilì 매력 ◆ **所在** suǒzài 소재, 존재하는 곳 ◆ **繁多** fánduō 대단히 많다, 풍부하다 ◆ **挑选** tiāoxuǎn 고르다, 선택하다 ◆ **烹饪** pēngrèn 요리(하다), 조리(하다)

① 早在……, 就…… 일찍이

시간의 선후 관계를 나타내는 구조로, '早在 + 비교적 이른 시간/시기 + 就 + 그 시점에서 이미 발생된 동작이나 이미 존재한 상태'의 형식으로 쓰인다.

- **早在**上世纪的八十年代，**就**开始推行这项政策了。
  Zǎozài shàng shìjì de bāshí niándài, jiù kāishǐ tuīxíng zhè xiàng zhèngcèle.
  지난 세기 80년대에 벌써 이 정책을 추진하기 시작했다.

- **早在**几年前，**就**有人提出了这个问题，直到现在才被人们广泛关注。
  Zǎozài jǐ nián qián, jiù yǒurén tíchūle zhège wèntí, zhídào xiànzài cái bèi rénmen guǎngfàn guānzhù.
  이미 몇 년 전에 누군가 이 문제를 제기했지만 지금에 와서야 사람들의 많은 관심을 받고 있다.

② 可谓是 ~라고 말할 수 있다

'~라고 할 수 있다' 또는 '~라고 이해하다'와 뜻이 비슷하다. 앞에 서술한 내용에 대해 총괄적인 결론을 내릴 때 자주 쓰인다.

- 天真的儿童心灵纯洁简单，**可谓是**像一张白纸。
  Tiānzhēn de értóng xīnlíng chúnjié jiǎndān, kěwèi shì xiàng yì zhāng báizhǐ.
  천진한 아동은 마음도 순진하고 단순하여 한 장의 백지와 같다고 말할 수 있다.

- 我表哥结婚那天，那场面真**可谓是**门庭若市。
  Wǒ biǎogē jiéhūn nàtiān, nà chǎngmiàn zhēn kěwèi shì mén tíng ruò shì.
  내 사촌 형이 결혼하던 날, 그 장면은 정말 문정성시라고 할 만했다.

③ ……所在 ~가 있는 곳

명사로, 존재하는 곳을 나타내며 일반적으로 어떤 현상이나 문제가 있는 곳을 가리킨다.

- 找到问题**所在**，是解决问题最好的方法。
  Zhǎodào wèntí suǒzài, shì jiějué wèntí zuìhǎo de fāngfǎ.
  문제점을 찾아내는 것이 문제를 해결하는 가장 좋은 방법이다.

- 没有消除不了的误会，要找到原因**所在**。
  Méiyǒu xiāochú bùliǎo de wùhuì, yào zhǎodào yuányīn suǒzài.
  풀리지 않는 오해는 없어. 원인을 찾아내야 해.

◆ 유의어 비교

发达 발달하다, 번성하다

사물이 이미 충분히 발전되었거나 사업이 충분히 발전되었음을 나타낸다. '发达'는 형용사로, 목적어를 가질 수 없다.

这个地区的交通十分发达。
Zhège dìqū de jiāotōng shífēn fādá.
이 지역의 교통은 매우 발달되었다.
(교통쪽이 이미 충분히 발전됨)

发展 발전하다

사물이 작은 것으로부터 큰 것으로, 단순한 것으로부터 복잡한 것으로, 낮은 것으로부터 높은 것으로 변화함을 강조한다. '发展'은 동사로, 목적어를 가질 수 있다.

我们必须把发展经济放在首位。
Wǒmen bìxū bǎ fāzhǎn jīngjì fàngzài shǒuwèi.
우리는 반드시 경제 발전을 우선 순위로 해야 한다.
(경제 발전으로부터 시작함을 강조)

◆ 고정 짝꿍

……成为了……中不可或缺的一部分 ~는 ~에서 필수 요소가 되었다	手机已经成为了人们生活中不可或缺的一部分。 Shǒujī yǐjīng chéngwéile rénmen shēnghuó zhōng bù kě huò quē de yíbùfen. 스마트폰은 이미 사람들의 생활에서 필수 요소가 되었다.
令人+生气/满意/幸福 사람들을 화나게/만족스럽게/행복하게 하다	他的态度真是令人生气，完全不考虑别人的感受。 Tā de tàidu zhēnshi lìngrén shēngqì, wánquán bù kǎolǜ biérén de gǎnshòu. 그의 태도는 정말 사람을 화나게 해. 전혀 다른 사람의 감정을 고려하지 않아.
为……提供了…… ~에게 ~을 제공하였다	我们学校为学生提供了很好的学习环境。 Wǒmen xuéxiào wèi xuéshēng tígōngle hěn hǎo de xuéxí huánjìng. 우리 학교는 학생들에게 매우 좋은 학습 환경을 제공하였다.
为……奠定了坚实的基础 ~에 탄탄한 기초를 마련했다	这部作品为中国长篇小说的创作奠定了坚实的基础。 Zhè bù zuòpǐn wèi Zhōngguó chángpiān xiǎoshuō de chuàngzuò diàndìngle jiānshí de jīchǔ. 이 작품은 중국 장편 소설 창작에 탄탄한 기초를 마련했다.
迈入了……时代 ~시대로 들어섰다	从二十世纪开始，人类文明的发展迈入了信息时代。 Cóng èrshí shìjì kāishǐ, rénlèi wénmíng de fāzhǎn màirùle xìnxī shídài. 20세기부터 인류 문명의 발전은 정보화 시대로 접어들었다.
在……的同时，也…… ~하는 동시에 ~도	在享受生活的同时，我们也要努力工作，实现自我的价值。 Zài xiǎngshòu shēnghuó de tóngshí, wǒmen yě yào nǔlì gōngzuò, shíxiàn zìwǒ de jiàzhí. 우리는 삶을 즐기는 동시에 열심히 일을 해서 자신의 가치를 실현해야 한다.
创造……传奇 ~레전드를 만들다	春天是一个富有生命力的季节，也是一个创造传奇的季节。 Chūntiān shì yí ge fùyǒu shēngmìnglì de jìjié, yěshì yí ge chuàngzào chuánqí de jìjié. 봄은 생명력이 넘치는 계절이자, 경이로움을 탄생시키는 계절이기도 하다.

문제 만나기

1 본문 내용에 따라 옳고 그름을 판단하세요.

① 中国最早的外卖服务诞生于宋朝时期。 （　）

② 宋代外卖小哥们能根据顾客的口味和需求，为其安排吃饭的时间。
　　　　　　　　　　　　　　　　　　　　　　　　　　　　 （　）

③ 宋代的外卖小哥们为现代外卖产业奠定了坚实的基础。 （　）

④ 外卖文化传递的都是一种便利、创新和自主的精神。 （　）

2 밑줄 친 부분과 비슷한 의미를 가진 보기를 고르세요.

① 早在宋朝时期，就**已经诞生了**最早的外卖服务，并且还有专门从事外卖的小哥。

　A 已经出现了　　　　　　　B 已经知道了
　C 以前就有了　　　　　　　D 在以前提供了

② 宋朝时期，当时的外卖小哥们背着特制的竹篮，将各种小吃打包放入篮子中，然后**奔跑于热闹的街道之间**，将美味送到顾客手中。

　A 在街道上卖外卖　　　　　B 把外卖放在街道上
　C 在街道上走来走去　　　　D 在街道上很快地跑

③ 宋朝外卖小哥们有着丰富的经验，熟悉街道的每一个角落，他们的迅速和准确**令人惊叹**。

　A 有人认为很准确　　　　　B 没有人觉得奇怪
　C 使人感到惊讶和感叹　　　D 让人感到神奇和害怕

④ 宋朝的外卖小哥们用他们的双手和智慧，**创造了一个个美味的传奇**。

　A 宋朝的外卖小哥们很传奇　B 外卖小哥们让人感到神奇
　C 制作出各种奇怪的食物　　D 制作出令人赞叹的美食

3 '早在……就……'를 사용하여 두 문장을 한 문장으로 바꿔 보세요.

① A) 盛唐时代 B) 有人开始研究佛教了。

→ _____

② A) 旧石器时代晚期，B) 弓箭出现了。

→ _____

4 다음 문장을 바르게 고쳐 보세요.

① 这个地区的物流十分发展。

→ _____

② 发达农业经济对一个国家很重要。

→ _____

5 본문 내용을 바탕으로 질문에 답해 보세요.

① 宋朝的外卖小哥们在哪些方面令人惊叹？

→ _____

② 外卖小哥们的存在给我们的社会带来了哪些变化？

→ _____

③ 在高度发达的信息时代，外卖服务有了什么变化？

→ _____

내 글씨로 독해 즐기기

■ 본문 속 문장들을 필사해 보세요.

[문장 1]

在现代社会，外卖已经成为了人们生活中不可或缺的一部分。

[문장 2]

宋代的外卖小哥们，早已为现代外卖产业奠定了坚实的基础。

3과

从微信昵称看一个人的性格

위챗 닉네임으로
알아보는 사람의 성격

从微信昵称看一个人的性格
Cóng wēixìn nìchēng kàn yí ge rén de xìnggé

当我们认识新朋友，并互相加上❶微信好友的时候，
Dāng wǒmen rènshi xīn péngyou, bìng hùxiāng jiāshàng wēixìn hǎoyǒu de shíhou,

往往关心的是对方的微信昵称和头像。头像也许会
wǎngwǎng guānxīn de shì duìfāng de wēixìn nìchēng hé tóuxiàng. Tóuxiàng yěxǔ huì

常常更换，但昵称一般不会频繁改变。其实，微信昵称，
chángcháng gēnghuàn, dàn nìchēng yìbān bú huì pínfán gǎibiàn. Qíshí, wēixìn nìchēng,

往往透露着❷性格的秘密。
wǎngwǎng tòulùzhe xìnggé de mìmì.

首先，用真实姓名作为昵称的人，这类人一般
Shǒuxiān, yòng zhēnshí xìngmíng zuòwéi nìchēng de rén, zhè lèi rén yìbān

注重人际交往，并有着强大的内心，还是一个理想主义者。
zhùzhòng rénjì jiāowǎng, bìng yǒuzhe qiángdà de nèixīn, háishi yí ge lǐxiǎng zhǔyì zhě.

微信 wēixìn 위챗[wechat, 중국의 채팅 어플] ◆ 昵称 nìchēng 애칭, 닉네임 ◆ 性格 xìnggé 성격, 성정, 개성 ◆ 加上 jiāshàng 더하다, 첨가하다 ◆ 好友 hǎoyǒu 친한 친구 [加……好友는 SNS에서 '친구 추가'의 의미] ◆ 关心 guānxīn 관심(을 가지다) ◆ 头像 tóuxiàng 프로필 사진 ◆ 更换 gēnghuàn 교체하다, 변경하다 ◆ 频繁 pínfán 잦다, 빈번하다 ◆ 其实 qíshí 사실은, 실제는 ◆ 透露 tòulù 드러내다, 폭로하다, 누설하다 ◆ 秘密 mìmì 은밀하다, 비밀, 비밀스러운 일 ◆ 首先 shǒuxiān 우선, 맨 먼저 ◆ 真实 zhēnshí 진실하다, 참되다 ◆ 姓名 xìngmíng 성명, 이름 ◆ 作为 zuòwéi ~로 하다, ~로 삼다 ◆ 注重 zhùzhòng 중시하다 ◆ 人际交往 rénjì jiāowǎng 인간관계, 대인 관계 ◆ 强大 qiángdà 강하다, 강력하다 ◆ 内心 nèixīn 마음, 내심, 내면 ◆ 理想主义者 lǐxiǎng zhǔyì zhě 이상주의자

这类人在现实中充满自信，在与人交往时真诚待人，
Zhè lèi rén zài xiànshí zhōng chōngmǎn zìxìn, zài yǔ rén jiāowǎng shí zhēnchéng dàirén,

追求的是简简单单的生活。
zhuīqiú de shì jiǎnjian dāndān de shēnghuó.

　　其次，微信昵称是四字成语，比如，"高山流水"。这类人
　　Qícì, wēixìn nìchēng shì sì zì chéngyǔ, bǐrú, "Gāo shān liú shuǐ". 　　Zhè lèi rén

现实 xiànshí 현실(적이다) ◆ **真诚** zhēnchéng 진실하다, 성실하다 ◆ **待人** dàirén 사람을 대접하다, 사람을 대우하다 ◆ **追求** zhuīqiú 추구하다, 좇다 ◆ **其次** qícì 다음, 그다음 ◆ **四字成语** sì zì chéngyǔ 사자성어 ◆ **高山流水** gāo shān liú shuǐ 고산유수, 청산유수

亲近大自然，温柔体贴，有着平静从容的心态。再有，有些
qīnjìn dàzìrán, wēnróu tǐtiē, yǒuzhe píngjìng cóngróng de xīntài.　　Zàiyǒu, yǒuxiē

人喜欢用自己的小名作为微信昵称，大多是小时候家里人
rén xǐhuan yòng zìjǐ de xiǎomíng zuòwéi wēixìn nìchēng, dàduōshì xiǎoshíhou jiālǐrén

给自己取的爱称。这类人给人的感觉是，亲切乐观，人缘
gěi zìjǐ qǔ de àichēng.　　Zhè lèi rén gěi rén de gǎnjué shì, qīnqiè lèguān, rényuán

特别好，能收获到更多的友谊和真诚的赞美。
tèbié hǎo, néng shōuhuò dào gèng duō de yǒuyì hé zhēnchéng de zànměi.

最后，微信昵称是纯表情或者符号，喜欢纯表情
Zuìhòu, wēixìn nìchēng shì chúnbiǎoqíng huòzhě fúhào, xǐhuan chúnbiǎoqíng

或者符号的人往往是幽默风趣的人。他们做自己喜欢的事，
huòzhě fúhào de rén wǎngwǎng shì yōumò fēngqù de rén. Tāmen zuò zìjǐ xǐhuan de shì,

在他们眼里，生活处处都是好玩的事情。
zài tāmen yǎnlǐ, shēnghuó chùchù dōu shì hǎowán de shìqing.

微信昵称**因**❸性格不同**而**❸呈现出多种多样，
Wēixìn nìchēng yīn xìnggé bùtóng ér chéngxiàn chū duō zhǒng duō yàng,

---

亲近 qīnjìn 가깝다, 친근하다, 친밀하다 ◆ **温柔** wēnróu 온유하다, 따뜻하고 상냥하다 ◆ **体贴** tǐtiē 자상하게 돌보다, 살뜰히 보살피다 ◆ **平静** píngjìng 차분하다, 담담하다, 안정되다 ◆ **从容** cóngróng 침착하다, 조용하다 ◆ **心态** xīntài 심리 상태 ◆ **再有** zàiyǒu 또, 그리고, 게다가 ◆ **小名** xiǎomíng 소명, 아명, 어릴 때 부르던 이름 ◆ **爱称** àichēng 애칭(하다) ◆ **乐观** lèguān 낙관(하다), 낙관적(이다) ◆ **人缘** rényuán 인간관계, 인복, 붙임성 ◆ **收获** shōuhuò 얻다, 거두다, 거두어들이다 ◆ **友谊** yǒuyì 우의, 우정 ◆ **赞美** zànměi 찬미하다, 칭송하다 ◆ **纯表情** chúnbiǎoqíng 이모지 ◆ **符号** fúhào 부호, 기호 ◆ **幽默** yōumò 유머, 해학, 익살스럽다 ◆ **风趣** fēngqù 재미, 해학, 유머 ◆ **处处** chùchù 도처에, 어디든지, 각 방면에 ◆ **好玩** hǎowán 재미있다, 흥미 있다 ◆ **呈现** chéngxiàn 나타내다, 양상을 띠다, 드러내다 ◆ **多种多样** duō zhǒng duō yàng 가지각색(의), 여러 가지(의)

也反映出❶不同人群的生活观和世界观。取什么样的
yě fǎnyìng chū bùtóng rénqún de shēnghuóguān hé shìjièguān. Qǔ shénmeyàng de

微信昵称，也是每个人的自由。
wēixìn nìchēng, yěshì měige rén de zìyóu.

😊 확인하기

1. 위챗 닉네임을 실명으로 설정하는 사람은 무엇을 추구하나요?
   ❶ 舒适时尚的生活　　　　❷ 简简单单的生活
   ❸ 浪漫温馨的生活　　　　❹ 充满刺激的生活

2. 아명을 위챗 닉네임으로 설정하는 사람은 어떤 이미지를 주나요?
   ❶ 亲切　　❷ 体贴　　❸ 从容　　❹ 温柔

3. 이모지 또는 이모티콘을 즐겨 쓰는 사람은 어떤 사람인가요?
   ❶ 随心所欲　　❷ 向往自由　　❸ 积极乐观　　❹ 幽默风趣

4. 우리는 왜 다른 사람의 위챗 닉네임을 받아들여야 할까요?
   ❶ 思想不同　　❷ 观念不同　　❸ 个人自由　　❹ 文化水平不同

反映 fǎnyìng 반영(하다) ◆ **人群** rénqún 인류, 사람의 무리 ◆ **生活观** shēnghuóguān 가치관 ◆ **世界观** shìjièguān 세계관 ◆ **取** qǔ 취하다, 고르다 ◆ **自由** zìyóu 자유(롭다) ◆ **舒适** shūshì 기분이 좋다, 쾌적하다 ◆ **时尚** shíshàng 세련되다, 유행, 트렌드 ◆ **浪漫** làngmàn 로맨틱하다, 낭만적이다 ◆ **温馨** wēnxīn 온화하고 향기롭다, 따스하다 ◆ **刺激** cìjī 자극(하다) ◆ **随心所欲** suí xīn suǒ yù 자기 뜻대로 하다, 하고 싶은 대로 하다 ◆ **向往** xiàngwǎng 동경하다, 지향하다 ◆ **积极** jījí 적극적이다, 열성적이다 ◆ **观念** guānniàn 관념, 생각

어법 만나기

❶ 방향보어 上/出의 파생적 의미

본문 중 '加上好友'에서 '上'은 방향보어로, 어떤 목적 또는 결과에 달성했음을 뜻한다. 또한, '反映出……世界观'에서 '出'는 어떤 상황이나 현상이 은폐되고 잠재적인 상태에서 사람들에게 알려진 상태로 바뀌었음을 뜻한다.

- 他考上了自己喜欢的大学。 그는 자신이 좋아하는 대학에 입학했다.
  Tā kǎoshàngle zìjǐ xǐhuan de dàxué.

- 跟他聊了一会儿，我听出他不是本地人。
  Gēn tā liáole yíhuìr, wǒ tīngchū tā bú shì běndìrén.
  그와 잠시 이야기를 나눠보고, 나는 그가 현지인이 아니라는 것을 알아차렸다.

❷ 동태조사 着 ~하고 있다, ~해 있다

동사 또는 형용사 뒤에 위치한다. 동작이 현재 진행 중임을 나타내며 동사 앞에 부사 '正/在/正在'를 사용할 수 있고, 문장 끝에 '呢'를 사용할 때도 있다. 상태의 지속을 나타낼 때는 동사 또는 형용사 앞에 부사 '正/在/正在'를 사용할 수 없다.

- 妈妈正在读着信，脸上透露出幸福的表情。
  Māma zhèngzài dúzhe xìn, liǎn shàng tòulù chū xìngfú de biǎoqíng.
  엄마는 편지를 읽고 있었고 얼굴에는 행복한 표정이 드러났다.

- 门开着呢，你怎么不进去？ 문이 열려 있는데 너 왜 안 들어가?
  Mén kāizhe ne, nǐ zěnme bú jìnqu?

❸ 因A……而B A때문에 B하다

인과 관계를 나타내는 구조이다. '因A……而B'는 구조적으로 빈틈이 없어서 한 문장 안에 사용해야 하지만, '因为A……, 所以B'에서 A와 B는 각각 독립적이고 완전한 문장일 수 있다.

- 他因病而死。 그는 병으로 죽었다.
  Tā yīn bìng ér sǐ.
  (A와 B는 독립적인 문장일 수도 있지만 반드시 한 문장 안에 사용해야 함)

- 他因为生病了，所以在家休息。 그는 병에 걸렸기 때문에 집에서 쉬고 있다.
  Tā yīnwèi shēngbìngle, suǒyǐ zàijiā xiūxi.
  (A와 B는 독립적이고 완전한 문장)

◆ 유의어 비교

反应 반응(하다)

수동적인 행동으로, 뒤에 목적어가 올 수 없다. 자극을 받은 후 촉발된 행동이나 변화를 나타낸다.

小伟反应很快，地震发生时，他第一个冲出了教室。
Xiǎowěi fǎnyìng hěn kuài, dìzhèn fāshēng shí, tā dìyī ge chōngchūle jiàoshì.
샤오웨이는 반응이 매우 빨라 지진이 발생했을 때 그가 제일 먼저 교실에서 뛰쳐나왔다.
(지진의 자극을 받은 후 촉발된 행동은 뛰는 것)

反映 반영하다, 반영시키다

일반적으로 능동적인 행동으로, 뒤에 목적어가 올 수 있다. 객관적인 사물의 본질을 나타내거나 상황, 의견을 관련 부서에 알리는 것을 말한다.

照片是日常生活的真实反映。
Zhàopiàn shì rìcháng shēnghuó de zhēnshí fǎnyìng.
사진은 일상생활의 진실된 반영이다.
(일상생활이 사진을 통해 표현됨)

◆ 고정 짝꿍

当……的时候 ~할 때, ~일 때	当孩子感到害怕的时候，父母应该陪在他们身边。 Dāng háizi gǎndào hàipà de shíhou, fùmǔ yīnggāi péizài tāmen shēnbiān. 아이가 무서워할 때 부모는 그들의 곁에 있어야 한다.
互相加上好友 서로 친구 추가를 하다	其实，在微信上互相加上好友不一定就是好朋友。 Qíshí, zài wēixìn shàng hùxiāng jiāshàng hǎoyǒu bù yídìng jiùshì hǎopéngyou. 사실 위챗에서 서로 친구를 추가한다고 해서 친한 친구가 되는 것은 아니다.
把(用)……作为 ~을 ~으로 하다	他把这本小说作为生日礼物送给了孩子们。 Tā bǎ zhè běn xiǎoshuō zuòwéi shēngrì lǐwù sònggěile háizimen. 그는 아이들에게 생일 선물로 이 소설책을 선물했다.
亲近大自然 자연을 가까이하다	带领幼儿进行户外活动是让他们亲近大自然的最佳方式之一。 Dàilǐng yòu'ér jìnxíng hùwài huódòng shì ràng tāmen qīnjìn dàzìrán de zuìjiā fāngshì zhīyī. 유아를 데리고 야외활동을 하는 것은 그들이 대자연과 가까이할 수 있는 가장 좋은 방법 중 하나이다.
……给……取的 ……名字 ~가 ~에게 지어준 ~한 이름	我父母给我取的名字蕴含着他们对我的期望。 Wǒ fùmǔ gěi wǒ qǔ de míngzì yùnhánzhe tāmen duì wǒ de qīwàng. 부모님이 나에게 지어준 이름에는 나에 대한 그들의 기대가 담겨 있다.
在……眼里 ~가 보기에, ~의 눈에는	在孩子的眼里，世界是一个充满了美好和希望的地方。 Zài háizi de yǎnlǐ, shìjiè shì yí ge chōngmǎnle měihǎo hé xīwàng de dìfang. 아이들이 보기에 세상은 아름다움과 희망이 가득 찬 곳이다.

문제 만나기

1 본문 내용에 따라 옳고 그름을 판단하세요.

❶ 微信的头像也许会常常更换，但昵称一般不会频繁改变。　（　　）

❷ 把真实姓名作为微信昵称的人，是一个完美主义者。　（　　）

❸ 微信昵称是四字成语的人有着平静从容的心态。　（　　）

❹ 微信昵称喜欢用纯表情或者符号的人往往是幽默风趣的人。　（　　）

2 밑줄 친 부분과 비슷한 의미를 가진 보기를 고르세요.

❶ 微信昵称，往往**透露着性格的秘密**。

　　A 表达自己的思想　　　　B 说明自己的心态
　　C 能看出性格的秘密　　　D 让对方更了解自己

❷ 微信昵称是四字成语的人**亲近大自然**，温柔体贴，有着平静从容的心态。

　　A 喜欢走进大自然　　　　B 欣赏大自然风景
　　C 要保护自然环境　　　　D 生活在大自然中

❸ 有些人喜欢用自己的小名作为微信昵称，人缘特别好，**能收获到更多的友谊**和真诚的赞美。

　　A 受到人们的关注　　　　B 喜欢和朋友交流
　　C 引起人们的热议　　　　D 交到更多的朋友

❹ 在微信昵称是纯表情或者符号的人眼里，生活处处都是**好玩**的事情。

　　A 快乐　　　　　　　　　B 可笑
　　C 调皮　　　　　　　　　D 有趣

3 '因……而……'을 사용하여 두 문장을 한 문장으로 바꿔 보세요.

① A) 人的身体可以通过运动，B) 变得健康。

→ _____

② A) 人的一生有酸甜苦辣，B) 人生变得丰富多彩。

→ _____

4 다음 문장을 바르게 고쳐 보세요.

① 这部小说反应了现实中的社会问题。

→ _____

② 他的身体对咖啡的反映很大。

→ _____

5 본문 내용을 바탕으로 질문에 답해 보세요.

① 人们互相加上微信好友的时候，往往关心的是什么？

→ _____

② 用真实姓名作为微信昵称的人，这类人一般是怎样的？

→ _____

③ 微信昵称能反映出什么？

→ _____

내 글씨로 독해 즐기기

- 본문 속 문장들을 필사해 보세요.

[문장 1]

其实，微信昵称，往往透露着性格的秘密。

[문장 2]

微信昵称因性格不同而呈现出多种多样，也反映出不同人群的生活观和世界观。

4과

养育孩子,
就等于重新养育自己

아이를 키운다는 것은
자신을 다시 돌보는 것과 같다

养育孩子，就等于重新养育自己
Yǎngyù háizi, jiù děngyú chóngxīn yǎngyù zìjǐ

作为父母，我们只想给自己的孩子一个无忧无虑的童年。
Zuòwéi fùmǔ, wǒmen zhǐ xiǎng gěi zìjǐ de háizi yí ge wú yōu wú lǜ de tóngnián.

然而有时我们会将过多❶的期望和压力强加给孩子，孩子在
Rán'ér yǒushí wǒmen huì jiāng guòduō de qīwàng hé yālì qiángjiā gěi háizi, háizi zài

父母过高❶的期望下成长，慢慢地就会受到更多的压迫，
fùmǔ guògāo de qīwàng xià chéngzhǎng, mànmàn de jiù huì shòudào gèng duō de yāpò,

从而没有自己的自由空间。其实，养育孩子更像❷是在养育
cóng'ér méiyǒu zìjǐ de zìyóu kōngjiān. Qíshí, yǎngyù háizi gèng xiàng shì zài yǎngyù

小时候的自己，也就是说❸我们在陪伴孩子成长的同时，
xiǎoshíhou de zìjǐ, yě jiùshì shuō wǒmen zài péibàn háizi chéngzhǎng de tóngshí,

也在弥补自己童年的遗憾。
yě zài míbǔ zìjǐ tóngnián de yíhàn.

在养育孩子的过程中，我们可能因工作忙碌
Zài yǎngyù háizi de guòchéng zhōng, wǒmen kěnéng yīn gōngzuò mánglù

养育 yǎngyù 기르다, 양육하다 ◆ **等于** děngyú ~와 같다, 맞먹다 ◆ **重新** chóngxīn 다시, 재차, 새로이 ◆ **无忧无虑** wú yōu wú lǜ 아무런 근심 걱정도 없다 ◆ **童年** tóngnián 어린 시절, 어릴 적 ◆ **过多** guòduō 너무 많다, 과다하다, 과잉되다 ◆ **期望** qīwàng (앞날에 대해) 기대(하다) ◆ **强加** qiángjiā 강압하다, 강요하다 ◆ **过高** guògāo 지나치게 높다 ◆ **成长** chéngzhǎng 성장하다, 자라다 ◆ **压迫** yāpò 압박(하다), 억압(하다) ◆ **从而** cóng'ér 따라서, 그리하여, ~함으로써 ◆ **空间** kōngjiān 공간 ◆ **弥补** míbǔ 메우다, 보완하다, 보충하다 ◆ **遗憾** yíhàn 유감(스럽다) ◆ **忙碌** mánglù 분망하다, 바쁘다

而忽略了孩子的感受，可能因自己的不完美而感到自责。
ér hūlüèle háizi de gǎnshòu, kěnéng yīn zìjǐ de bù wánměi ér gǎndào zìzé.

然而，我们需要放下内心的包袱，坦然面对自己的不足和错误。
Rán'ér, wǒmen xūyào fàngxià nèixīn de bāofu, tǎnrán miànduì zìjǐ de bùzú hé cuòwù.

成为父母后，我们会发现自己的孩子身上有很多自己小时候
Chéngwéi fùmǔ hòu, wǒmen huì fāxiàn zìjǐ de háizi shēnshang yǒu hěn duō zìjǐ xiǎoshíhou

忽略 hūlüè 소홀히 하다, 등한히 하다 ◆ 感受 gǎnshòu 느낌, 심정, 마음 ◆ 完美 wánměi 완전하여 결함이 없다, 매우 훌륭하다, 완벽하다 ◆ 自责 zìzé 자책하다 ◆ 放下 fàngxià 내려놓다 ◆ 包袱 bāofu 부담, 무거운 짐 ◆ 坦然 tǎnrán 마음이 편안한 모양, 태연하다 ◆ 面对 miànduì 대면하다, 대하다 ◆ 不足 bùzú 부족하다, 모자라다 ◆ 错误 cuòwù 실수, 잘못

养育孩子，就等于重新养育自己

的影子。我们曾经也是那个渴望被关注、被理解的孩子，也是
de yǐngzi. Wǒmen céngjīng yěshì nàge kěwàng bèi guānzhù、bèi lǐjiě de háizi, yěshì

那个对世界充满好奇、不断探索的少年。在养育孩子的
nàge duì shìjiè chōngmǎn hàoqí、búduàn tànsuǒ de shàonián. Zài yǎngyù háizi de

过程中，我们其实也在重新审视自己的童年。通过陪伴
guòchéng zhōng, wǒmen qíshí yě zài chóngxīn shěnshì zìjǐ de tóngnián. Tōngguò péibàn

孩子、教导孩子，我们也重新审视自己的价值观和做事方式。
háizi、jiàodǎo háizi, wǒmen yě chóngxīn shěnshì zìjǐ de jiàzhíguān hé zuòshì fāngshì.

我们在努力成为更好的父母的同时，也在努力成为
Wǒmen zài nǔlì chéngwéi gèng hǎo de fùmǔ de tóngshí, yě zài nǔlì chéngwéi

更好的自己。养育孩子，其实就是在养育小时候的自己。
gèng hǎo de zìjǐ. Yǎngyù háizi, qíshí jiùshì zài yǎngyù xiǎoshíhou de zìjǐ.

这是一个充满挑战和机遇的过程，也是一个自我成长和
Zhè shì yí ge chōngmǎn tiǎozhàn hé jīyù de guòchéng, yěshì yí ge zìwǒ chéngzhǎng hé

影子 yǐngzi 그림자, 모습 ◆ **曾经** céngjīng 일찍이, 이전에, 이미, 벌써 ◆ **渴望** kěwàng 갈망(하다) ◆ **关注** guānzhù 관심(을 가지다), 배려(하다) ◆ **探索** tànsuǒ 탐색하다, 찾다 ◆ **少年** shàonián 소년기, 소년 ◆ **审视** shěnshì 자세히 (살펴)보다, 심사하고 주시하다 ◆ **教导** jiàodǎo 교육 지도하다, 가르치다, 지도하다 ◆ **价值观** jiàzhíguān 가치관 ◆ **做事方式** zuòshì fāngshì 일하는 방식, 일 처리 방식 ◆ **挑战** tiǎozhàn 도전(하다) ◆ **机遇** jīyù 좋은 기회, 찬스 ◆ **自我** zìwǒ 자아, 자기 자신

升华的过程。让我们在养育孩子的道路上，与孩子一起
shēnghuá de guòchéng. Ràng wǒmen zài yǎngyù háizi de dàolù shàng, yǔ háizi yìqǐ

成长，一起创造美好的未来。
chéngzhǎng, yìqǐ chuàngzào měihǎo de wèilái.

😊 확인하기

1. 부모의 과도한 기대는 아이에게 어떤 결과를 가져오나요?
    ① 孩子越来越优秀
    ② 孩子的童年很快乐
    ③ 孩子失去自由空间
    ④ 孩子的压力会变小

2. 자신의 부족함과 실수에 대해, 부모는 어떻게 해야 하나요?
    ① 弥补自己的不足
    ② 忽略自己的感受
    ③ 改正自己的错误
    ④ 放下内心的包袱

3. 아이와 함께 성장하고, 아이를 가르치면서 부모는 자신의 무엇을 성찰해야 하나요?
    ① 教育方式
    ② 思考方式
    ③ 做事方式
    ④ 生活方式

4. 사실 아이를 키운다는 건 어린 시절의 나를 돌보는 것과 같다고 하는데, 이것은 어떤 과정일까요?
    ① 又一次培养自己
    ② 充满挑战和机遇
    ③ 满足自己的欲望
    ④ 提高自己知识水平

升华 shēnghuá 승화(하다), 한층 더 높은 단계로 높여지다 ◆ **道路** dàolù 도로, 길, 진로 ◆ **未来** wèilái 미래, 장래, 앞날 ◆ **优秀** yōuxiù 우수하다, 뛰어나다 ◆ **变小** biànxiǎo 작아지다, 줄어들다 ◆ **改正** gǎizhèng 개정(하다), 시정(하다) ◆ **欲望** yùwàng 욕망 ◆ **知识** zhīshi 지식, 학식

① 过+형용사 지나치게 ~하다

정도가 적절하거나 합리적인 범위를 초과했음을 나타낸다.

- 这台电脑运行的时间过长，机器已经发热了。
  Zhè tái diànnǎo yùnxíng de shíjiān guò cháng, jīqì yǐjīng fārèle.
  이 컴퓨터는 작동 시간이 너무 길어서 기계가 벌써 뜨거워졌다.

- 这种过冷的天气很容易使人感冒。
  Zhè zhǒng guò lěng de tiānqì hěn róngyì shǐ rén gǎnmào.
  이렇게 추운 날씨에는 감기에 걸리기 쉽다.

② 像 닮다, 비슷하다

'像'은 동사로, 사물 간의 유사점이나 공통점을 나타낸다.

- 他长得像自己的父亲。 그는 아빠를 닮았다.
  Tā zhǎng de xiàng zìjǐ de fùqīn.

- 时间像一条长河，将我们的喜怒哀乐慢慢带走。
  Shíjiān xiàng yì tiáo chánghé, jiāng wǒmen de xǐ nù āi lè mànmàn dàizǒu.
  시간은 긴 강처럼 우리의 희로애락을 천천히 앗아간다.

③ 也就是说 다시 말해서, 즉

다시 한번 해설하거나 설명하는 것을 나타낸다. 앞서 언급한 내용을 더 상세하고 더 명확하게 서술하여 더 잘 이해할 수 있도록 할 때 쓰인다.

- 听说那里的风景很美，我打算明年春天去那里看看，也就是说，如果我明年有空的话，就一定会去。
  Tīngshuō nàlǐ de fēngjǐng hěn měi, wǒ dǎsuàn míngnián chūntiān qù nàlǐ kànkan, yě jiùshì shuō, rúguǒ wǒ míngnián yǒukòng de huà, jiù yídìng huì qù.
  그곳의 풍경이 너무 아름답다고 들어서 나는 내년 봄에 그곳에 가보려고 한다. 즉, 만약 내가 내년에 시간이 생기면 꼭 가볼 것이다.

- 读书应具有学习和求知的欲望，也就是说，要对知识充满好奇。
  Dúshū yīng jùyǒu xuéxí hé qiúzhī de yùwàng, yě jiùshì shuō, yào duì zhīshi chōngmǎn hàoqí.
  독서는 배움과 지식 추구에 대한 욕구가 있어야 한다. 즉, 지식에 대한 호기심이 가득해야 한다.

◆ 유의어 비교

期望 기대(하다)

미래의 사물이나 사람의 앞날에 대해 희망을 가지거나 비교적 이성적인 기다림을 말한다. 일반적으로 비교적 심각하고 중대한 일을 말한다.

我期望世界上不再发生战争。
Wǒ qīwàng shìjiè shàng búzài fāshēng zhànzhēng.
나는 세계에서 더 이상 전쟁이 일어나지 않기를 바란다.
('전쟁이 일어나는 것'은 심각한 일이고 '더 이상'은 미래의 사태를 말함)

渴望 갈망(하다)

강렬하고 간절한 희망을 말한다. '渴望'의 대상은 종종 쉽게 얻을 수 없고, 빨리 얻고자 하는 것을 말한다.

同学们都渴望和这位作家见面。
Tóngxuémen dōu kěwàng hé zhè wèi zuòjiā jiànmiàn.
학생들은 모두 이 작가와 만나기를 간절히 바란다.
(작가를 만나는 것은 쉬운 일이 아님)

◆ 고정 짝꿍

把/将……强加给…… ~을 ~에게 강요하다	领导把他自己的工作强加给我，所以我很焦虑。 Lǐngdǎo bǎ tā zìjǐ de gōngzuò qiángjiā gěi wǒ, suǒyǐ wǒ hěn jiāolǜ. 상사가 자신의 업무를 나에게 무리하게 강요해서 나는 매우 불안하다.
弥补……遗憾 ~한 아쉬움을 달래다	为了弥补自己的遗憾，我决定去学习舞蹈。 Wèile míbǔ zìjǐ de yíhàn, wǒ juédìng qù xuéxí wǔdǎo. 자신의 아쉬움을 달래기 위해 나는 춤을 배우기로 결정했다.
放下……包袱 ~짐을 내려놓다	面对挑战，我们应该放下内心包袱，才能战胜挑战。 Miànduì tiǎozhàn, wǒmen yīnggāi fàngxià nèixīn bāofu, cáinéng zhànshèng tiǎozhàn. 도전에 직면했을 때, 우리는 내면의 짐을 내려놓아야 도전을 이겨낼 수 있다.
面对……不足/错误 ~부족/잘못에 대해	承认错误，勇敢面对自己犯的错误，这才是正确的态度。 Chéngrèn cuòwù, yǒnggǎn miànduì zìjǐ fàn de cuòwù, zhè cáishì zhèngquè de tàidu. 잘못을 인정하고, 자신이 범한 잘못을 용감하게 마주하는 것이 바로 올바른 태도이다.
对……充满好奇 ~에 대한 호기심이 가득하다	很多儿童都对大自然充满好奇。 Hěn duō értóng dōu duì dàzìrán chōngmǎn hàoqí. 많은 어린이들은 대자연에 대한 호기심으로 가득하다.
充满挑战/机遇 도전/기회가 가득하다	人生充满了挑战，只有敢于面对挑战的人，才能不断进步。 Rénshēng chōngmǎnle tiǎozhàn, zhǐyǒu gǎnyú miànduì tiǎozhàn de rén, cáinéng búduàn jìnbù. 인생은 도전으로 가득한데, 용감하게 도전하는 사람만이 끊임없이 발전할 수 있다.

문제 만나기

1 본문 내용에 따라 옳고 그름을 판단하세요.

① 父母只想给自己的孩子一个难以忘记的童年。 （　）

② 父母在陪伴孩子成长的同时，也在弥补自己童年的遗憾。 （　）

③ 在养育孩子的过程中，父母可能因工作忙碌而忽略了对孩子的关爱。
（　）

④ 父母曾经也是一个渴望被关注、被理解的孩子。 （　）

2 밑줄 친 부분과 비슷한 의미를 가진 보기를 고르세요.

① 我们只想给自己的孩子一个**无忧无虑**的童年。

　A 幸福快乐　　　　　　B 出现焦虑
　C 没有忧虑　　　　　　D 不用担心

② 我们在陪伴孩子成长的同时，也在**弥补自己童年的遗憾**。

　A 补偿童年的缺失　　　B 满足童年的需求
　C 重新回到父母的身边　D 去做童年不喜欢做的事

③ 父母需要**放下内心的包袱**，坦然面对自己的不足和错误。

　A 邮寄贵重的包袱　　　B 不给孩子买礼物
　C 消除精神上的负担　　D 不担心孩子的成长

④ 这是一个充满挑战和机遇的过程，也是一个**自我成长和升华**的过程。

　A 重新发育过程　　　　B 提升自己水平
　C 精神上的完善　　　　D 物质上的富有

3 다음 문장을 '在+동사'의 구조로 고쳐 보세요.

① 外边的孩子踢足球。

→ _____

② 我一直考虑就业的问题。

→ _____

4 다음 문장을 바르게 고쳐 보세요.

① 同学们现在看了电视。

→ _____

② 他们昨天写作业花着一个小时。

→ _____

5 본문 내용을 바탕으로 질문에 답해 보세요.

① 作为父母，我们只想给自己的孩子一个怎样的童年？

→ _____

② 父母曾经是一个怎样的孩子和少年？

→ _____

③ 养育孩子是一个怎样的过程？

→ _____

내 글씨로 독해 즐기기

■ 본문 속 문장들을 필사해 보세요.

[문장 1]

　　在养育孩子的过程中，我们其实也在重新审视自己的童年。

[문장 2]

　　我们在努力成为更好的父母的同时，也在努力成为更好的自己。

5과

网络小说的代入感

웹소설의 몰입감

网络小说的代入感
Wǎngluò xiǎoshuō de dàirùgǎn

什么叫"代入感"？就是一种善于代入文学作品中的
Shénme jiào "Dàirùgǎn"? Jiùshì yì zhǒng shànyú dàirù wénxué zuòpǐn zhōng de

情绪，"代入感"是文学作品引发读者认同的一种情感，作品
qíngxù, "Dàirùgǎn" shì wénxué zuòpǐn yǐnfā dúzhě rèntóng de yì zhǒng qínggǎn, zuòpǐn

中的故事人物引导读者将❶自己替换为❶主人公，从而感同
zhōng de gùshi rénwù yǐndǎo dúzhě jiāng zìjǐ tìhuàn wéi zhǔréngōng, cóng'ér gǎn tóng

身受，与角色共命运。
shēn shòu, yǔ juésè gòng mìngyùn.

"代入感"具有强烈的吸引力，成为目前网络小说不可
"Dàirùgǎn" jùyǒu qiángliè de xīyǐnlì, chéngwéi mùqián wǎngluò xiǎoshuō bù kě

或缺的特性。由于网络小说的连载以及更新的时间漫长，
huò quē de tèxìng. Yóuyú wǎngluò xiǎoshuō de liánzǎi yǐjí gēngxīn de shíjiān màncháng,

读者很可能读到一半就放弃。因此，网络小说为了绑定
dúzhě hěn kěnéng dúdào yíbàn jiù fàngqì. Yīncǐ, wǎngluò xiǎoshuō wèile bǎngdìng

 새단어

网络小说 wǎngluò xiǎoshuō 인터넷 소설, 웹소설 ◆ **代入感** dàirùgǎn 몰입감 ◆ **善于** shànyú ~에 능숙하다, ~를 잘한다 ◆ **代入** dàirù 대입(하다), 몰입(하다) ◆ **文学** wénxué 문학 ◆ **情绪** qíngxù 정서, 기분, 감정 ◆ **引发** yǐnfā 일으키다, 자아내다, 야기하다 ◆ **读者** dúzhě 독자 ◆ **认同** rèntóng 동일시(하다), 친밀감(을 느끼다) ◆ **人物** rénwù 인물 ◆ **引导** yǐndǎo 인도하다, 이끌다 ◆ **替换** tìhuàn 바꾸다, 교체하다 ◆ **主人公** zhǔréngōng 주인공 ◆ **感同身受** gǎn tóng shēn shòu 동질감을 느끼다 ◆ **角色** juésè 배역, 캐릭터 ◆ **共命运** gòng mìngyùn 운명을 같이 하다 ◆ **强烈** qiángliè 강렬하다, 엄청나다 ◆ **吸引力** xīyǐnlì 매력 ◆ **特性** tèxìng 특성 ◆ **连载** liánzǎi 연재(하다) ◆ **更新** gēngxīn 갱신하다, 업데이트하다 ◆ **漫长** màncháng 멀다, 길다, 지루하다 ◆ **放弃** fàngqì 버리다, 포기하다 ◆ **绑定** bǎngdìng 연동하다, 묶어두다

读者，将❶单纯的浏览转变为❶强烈的情感认同便十分
dúzhě, jiāng dānchún de liúlǎn zhuǎnbiàn wéi qiángliè de qínggǎn rèntóng biàn shífēn

重要。只有让读者将阅读上升到情感认同，作品
zhòngyào. Zhǐyǒu ràng dúzhě jiāng yuèdú shàngshēng dào qínggǎn rèntóng, zuòpǐn

才能始终保持吸引力，并激发点赞、订阅等行为。
cáinéng shǐzhōng bǎochí xīyǐnlì, bìng jīfā diǎn zàn、dìngyuè děng xíngwéi.

互联网在营造"代入感"方面具备其他媒体无法匹敌的优势，
Hùliánwǎng zài yíngzào "Dàirùgǎn" fāngmiàn jùbèi qítā méitǐ wúfǎ pǐdí de yōushì,

单纯 dānchún 단순히, 오로지 ◆ 浏览 liúlǎn 대충 훑어보다, 대강 둘러보다 ◆ 转变 zhuǎnbiàn 바뀌다, 전환하다
◆ 阅读 yuèdú 읽다, 열독하다 上升 shàngshēng 상승하다, 올라가다, 향상하다 始终 shǐzhōng 시종, 언제
나, 늘 保持 bǎochí 지키다, 유지하다 激发 jīfā 불러일으키다 点赞 diǎn zàn 좋아요(를 누르다) ◆ 订阅
dìngyuè 구독(하다) ◆ 行为 xíngwéi 행위, 행동 互联网 hùliánwǎng 인터넷 营造 yíngzào 만들다, 조성하다
◆ 具备 jùbèi 갖추다, 구비하다 媒体 méitǐ 매개체, 매체 无法匹敌 wúfǎ pǐdí 비교할 수 없다 ◆ 优势
yōushì 우세, 우위

这是因为网络小说的作者与网络读者之间，存在大量
zhè shì yīnwèi wǎngluò xiǎoshuō de zuòzhě yǔ wǎngluò dúzhě zhījiān, cúnzài dàliàng

共通的兴趣点。数字技术利用用户的阅读需求和网络
gòngtōng de xìngqùdiǎn. Shùzì jìshù lìyòng yònghù de yuèdú xūqiú hé wǎngluò

小说进行匹配，以❷保证两者之间的契合。网络小说虽归类
xiǎoshuō jìnxíng pǐpèi, yǐ bǎozhèng liǎngzhě zhījiān de qìhé. Wǎngluò xiǎoshuō suī guīlèi

为文学，但追网络小说的读者并非只是阅读，而是与作者
wéi wénxué, dàn zhuī wǎngluò xiǎoshuō de dúzhě bìngfēi zhǐshì yuèdú, érshì yǔ zuòzhě

或其他读者进行即时互动，这是一种集体性的行动。所以读
huò qítā dúzhě jìnxíng jíshí hùdòng, zhè shì yì zhǒng jítǐxìng de xíngdòng. Suǒyǐ dú

网络小说时，代入的不仅仅是角色，还是一种集体性的心理
wǎngluò xiǎoshuō shí, dàirù de bùjǐnjǐn shì juésè, háishi yì zhǒng jítǐxìng de xīnlǐ

上的沟通。
shàng de gōutōng.

当"代入感"脱离文艺欣赏，进入人际交往的社会领域时，
Dāng "Dàirùgǎn" tuōlí wényì xīnshǎng, jìnrù rénjì jiāowǎng de shèhuì lǐngyù shí,

善于代入作品也就意味着❸一个人有较强的情感感受力，
shànyú dàirù zuòpǐn yě jiù yìwèizhe yí ge rén yǒu jiào qiáng de qínggǎn gǎnshòulì,

---

作者 zuòzhě 작자, 필자 ◆ **共通** gòngtōng 공통의, 공통(되다) ◆ **数字技术** shùzì jìshù 디지털 기술 ◆ **用户** yònghù 사용자, 가입자 ◆ **匹配** pǐpèi 매칭 ◆ **保证** bǎozhèng 보증(하다), 확보(하다) ◆ **两者** liǎngzhě 양자, 양쪽 ◆ **契合** qìhé 부합하다, 일치하다 ◆ **归类** guīlèi 분류하다 ◆ **即时** jíshí 즉시, 즉각 ◆ **互动** hùdòng 서로 왕래하다, 상호 교류하다, 상호 작용, 서로 영향을 주다 ◆ **集体** jítǐ 집단, 단체 ◆ **沟通** gōutōng 교류하다, 소통하다 ◆ **脱离** tuōlí 이탈하다, 떠나다, 관계를 끊다 ◆ **文艺** wényì 문예 [문학과 예술의 총칭] ◆ **欣赏** xīnshǎng 감상하다, 마음에 들어하다 ◆ **领域** lǐngyù 영역, 분야 ◆ **意味着** yìwèizhe 의미하다, 뜻하다 ◆ **感受力** gǎnshòulì 감수성

甚至还有较高的换位思考能力。因此，"代入感"在现实生活
shènzhì háiyǒu jiào gāo de huànwèi sīkǎo nénglì. Yīncǐ, "Dàirùgǎn" zài xiànshí shēnghuó

中有其积极的意义。
zhōng yǒu qí jījí de yìyì.

😊 확인하기

1. '몰입감'이란 어떤 감정을 말하나요?
   - ❶ 替代作者的情感
   - ❷ 与作者沟通的情感
   - ❸ 找到故事人物的情绪
   - ❹ 引发读者认同的情感

2. 웹소설을 읽을 때 독자가 중도에 읽는 것을 포기할 가능성이 높은 이유는 무엇일까요?
   - ❶ 需要付费
   - ❷ 工作太忙碌
   - ❸ 连载时间太长
   - ❹ 故事情节不紧张

3. 어떻게 해야 웹 작품의 매력을 항상 유지할 수 있을까요?
   - ❶ 故事情节要复杂
   - ❷ 要时常更新内容
   - ❸ 要经常与读者沟通
   - ❹ 要上升到情感认同

4. 웹소설을 읽을 때 독자들이 몰입하는 것은 작품 속 캐릭터뿐만 아니라 어떤 심리적 소통이기도 한가요?
   - ❶ 集体性的
   - ❷ 本质上的
   - ❸ 个体之间的
   - ❹ 有目的性的

换位思考 huànwèi sīkǎo 상대방의 입장에서 생각하다 ◆ **替代** tìdài 대체하다, 대신하다 ◆ **付费** fùfèi 비용을 지불하다 ◆ **情节** qíngjié 줄거리, 구성 ◆ **紧张** jǐnzhāng 긴장해 있다, 불안하다 ◆ **复杂** fùzá 복잡하다, 번거롭다 ◆ **时常** shícháng 늘, 항상, 자주 ◆ **本质** běnzhì 본질, 본성 ◆ **个体** gètǐ 개체, 개인 ◆ **目的性** mùdìxìng 목적의식, 목적

어법 만나기

❶ (将/把)……동사+为…… ~을 ~으로 ~하다

'동사+为'는 어떤 변화나 결과를 묘사할 때 쓰인다. 여기서 '为'는 '成为'의 의미로 동사의 뒤에 쓰여 어떤 동작을 통해 어떤 결과로 되었거나 어떤 상태로 변했는지 묘사할 때 사용한다.

- 我们要想把沙漠改造为绿洲，就要多植树造林。
  Wǒmen yào xiǎng bǎ shāmò gǎizào wéi lǜzhōu, jiùyào duō zhíshù zàolín.
  우리가 사막을 오아시스로 만들려면 나무를 많이 심고 숲을 조성해야 한다.

- 您可以将这个问题处理为紧急状态，这样解决起来很容易。
  Nín kěyǐ jiāng zhège wèntí chǔlǐ wéi jǐnjí zhuàngtài, zhèyàng jiějué qǐlái hěn róngyì.
  당신이 이 문제를 긴급 상황으로 처리한다면 쉽게 해결할 수 있습니다.

❷ 以 ~을 위해, ~로서

접속사로 쓰일 때는 목적 관계를 나타내며 다수의 완전한 문장을 연결한다. 동사구를 연결하기도 하는데 '为了, 以便'에 해당하고, 뒤에는 일반적으로 동사성 단어가 온다. 개사로 쓰일 때는 방식, 표준을 나타내며 '按照, 根据'와 의미가 같고 뒤에 일반적으로 명사구가 온다.

- 她把自己的钱全部拿出来，以帮助自己的朋友克服困难。
  Tā bǎ zìjǐ de qián quánbù náchūlái, yǐ bāngzhù zìjǐ de péngyou kèfú kùnnan.
  그녀는 친구가 어려움을 극복할 수 있도록 돕기 위해 자신의 돈을 전부 꺼냈다.

- 今天我以朋友的身份来参加你的生日晚会。
  Jīntiān wǒ yǐ péngyou de shēnfèn lái cānjiā nǐ de shēngrì wǎnhuì.
  오늘 나는 친구의 신분으로 너의 생일파티에 참석할게.

❸ 也就意味着 ~을 의미한다

여기서 '也就'는 완곡한 어조를 띠고 있으며 설명한 내용이 특별히 뚜렷하지 않거나 또는 마침 어떤 요구사항을 충족시켰음을 나타낸다. 또한 '意味着'는 어떤 의미를 담고 있다는 것을 나타내며 '可以理解为'의 뜻을 가지고 있다.

- 有的成语即使你不懂，听得多了，也就会说了。
  Yǒude chéngyǔ jíshǐ nǐ bùdǒng, tīng de duōle, yějiù huì shuōle.
  어떤 성어는 네가 모르더라도 많이 듣다 보면 말할 수 있게 된다.

- 错过这辆火车意味着你得再等一个小时。
  Cuòguo zhè liàng huǒchē yìwèizhe nǐ děi zài děng yí ge xiǎoshí.
  이 기차를 놓치면 당신은 한 시간을 더 기다려야 합니다.

◆ 유의어 비교

因此 그래서, 그러므로

'이것 때문에'의 뜻을 가지고 있다. 인과 관계를 나타내는 문장의 후반절에 사용하여 결과와 결론을 이끌어낸다. '由于……因此'의 구조로 쓸 수 있지만 앞에 '因为'를 사용할 수 없다. '因此' 뒤에 쉼표를 써서 강조를 나타낼 수 있다.

由于连续两次考试失败，因此他对学习失去了信心。
Yóuyú liánxù liǎng cì kǎoshì shībài, yīncǐ tā duì xuéxí shīqùle xìnxīn.
두 번의 시험에 연달아 실패했기 때문에 그는 공부에 대해 자신감을 잃었다. (결과를 나타냄)

所以 그래서, 따라서

인과 관계인 문장에 사용하여 결과 또는 결론을 나타낸다. '因为……所以' 또는 '由于……所以'의 구조로 쓸 수 있다.

由于时间不多，所以我没有买妈妈的礼物。
Yóuyú shíjiān bù duō, suǒyǐ wǒ méiyǒu mǎi māma de lǐwù.
시간이 많지 않아서 나는 엄마의 선물을 사지 못했다. (결과를 나타냄)

◆ 고정 짝꿍

具有……吸引力 ~한 매력을 가지고 있다	智能化电子产品对孩子具有很大的吸引力。 Zhìnénghuà diànzǐ chǎnpǐn duì háizi jùyǒu hěn dà de xīyǐnlì. 지능형 전자제품은 아이들에게 큰 매력이 있다.
在……方面 ~한 면에서	在很多方面，旅游业对全球经济的发展作出了重要的贡献。 Zài hěn duō fāngmiàn, lǚyóuyè duì quánqiú jīngjì de fāzhǎn zuòchūle zhòngyào de gòngxiàn. 여러 방면에서 관광업은 전세계 경제의 발전에 중요한 공헌을 했다.
具备……优势 ~한 우세를 지닌다	坚持不放弃的人比遇到困难就放弃的人更具备优势。 Jiānchí bú fàngqì de rén bǐ yùdào kùnnan jiù fàngqì de rén gèng jùbèi yōushì. 포기하지 않고 끝까지 버티는 사람은 어려움을 만났을 때 바로 포기하는 사람보다 더 우세를 지닌다.
……与……之间 ~와 ~사이	理解让人与人之间的距离越来越近。 Lǐjiě ràng rén yǔ rén zhījiān de jùlí yuèláiyuè jìn. 이해는 사람과 사람 사이의 거리를 점점 더 가깝게 만든다.
和……匹配 ~와 잘 어울리다	这个颜色和这个款式非常匹配。 Zhège yánsè hé zhège kuǎnshì fēicháng pǐpèi. 이 색과 이 스타일은 매우 잘 어울린다.
换位思考 상대방의 입장에서 생각하다	解决矛盾的最好方法，就是换位思考。 Jiějué máodùn de zuìhǎo fāngfǎ, jiùshì huànwèi sīkǎo. 모순을 해결하는 가장 좋은 방법은 바로 상대방의 입장에서 생각하는 것이다.

문제 만나기

1 본문 내용에 따라 옳고 그름을 판단하세요.

① "代入感"具有强烈的吸引力，成为目前网络小说不可或缺的特性。
(   )

② 互联网在营造"代入感"方面不具备其他媒体所拥有的优势。 (   )

③ 网络小说的读者可以与作者或其他读者进行即时互动。 (   )

④ "代入感"在现实生活中有很深的意义。 (   )

2 밑줄 친 부분과 비슷한 의미를 가진 보기를 고르세요.

① 作品中的故事人物引导读者将自己替换为主人公，从而感同身受，**与角色共命运**。

　　A 引导作者怎么写故事　　B 把自己带入角色之中
　　C 自己掌握角色的命运　　D 自己的命运和故事一样

② 互联网在营造"代入感"方面具备其他媒体**无法匹敌**的优势。

　　A 没有办法比较　　B 没有任何特色
　　C 没有自己的风格　　D 没有办法进行判断

③ 网络小说为了**绑定读者**，将单纯的浏览转变为强烈的情感认同便十分重要。

　　A 让读者付费　　B 想要吸引读者
　　C 继续签约作者　　D 为了占领市场

④ 善于代入作品也就意味着一个人有较强的情感感受力，甚至还有较高的**换位思考能力**。

　　A 逻辑能力　　B 创新能力
　　C 培养思考的能力　　D 为他人着想的能力

3 '以'가 들어갈 알맞은 자리를 골라 보세요.

❶ 我们 A 这个计划 B 行事，C 是可以确保任务的顺利 D 完成。

❷ A 我们把这些玩具 B 组合在一起，C 让孩子们更好地 D 发挥想象力。

❸ A 这个速度，我们 B 可以在规定时间内 C 到达 D 目的地。

4 다음 문장을 바르게 고쳐 보세요.

❶ 因为天气太热了，因此大家都不想出门。

→ _____

❷ 我们之所以今天出发，是因此明天可能会下雨。

→ _____

5 본문 내용을 바탕으로 질문에 답해 보세요.

❶ 只有让读者将阅读上升到情感认同，作品才会有什么样的结果？

→ _____

❷ 数字技术利用用户的阅读需求和网络小说进行匹配的目的是什么？

→ _____

❸ 网络小说的读者并非只是阅读，而是一种怎样的行为？

→ _____

내 글씨로 독해 즐기기

■ 본문 속 문장들을 필사해 보세요.

[문장 1]

"代入感"具有强烈的吸引力，成为目前网络小说不可或缺的特性。

[문장 2]

互联网在营造"代入感"方面具备其他媒体无法匹敌的优势。

6과

情绪价值成为人们的关注点

사람들에게 주목받는
정서적 가치

情绪价值成为人们的关注点
Qíngxù jiàzhí chéngwéi rénmen de guānzhùdiǎn

所谓情绪价值，简而言之，就是情绪所带来的正面或
Suǒwèi qíngxù jiàzhí, jiǎn ér yán zhī, jiùshì qíngxù suǒ dàilái de zhèngmiàn huò

负面的影响和价值。这种价值不仅体现在个体层面上，
fùmiàn de yǐngxiǎng hé jiàzhí. Zhè zhǒng jiàzhí bùjǐn tǐxiàn zài gètǐ céngmiàn shàng,

还涉及到人际关系、社会互动等多个方面。情绪价值可以是
hái shèjí dào rénjì guānxi、shèhuì hùdòng děng duō ge fāngmiàn. Qíngxù jiàzhí kěyǐ shì

一种积极的体验，如快乐、满足、成就感等，也可以是一种
yì zhǒng jījí de tǐyàn, rú kuàilè、mǎnzú、chéngjiùgǎn děng, yě kěyǐ shì yì zhǒng

消极的体验，如焦虑、沮丧、挫败感等。但无论其性质怎样，
xiāojí de tǐyàn, rú jiāolǜ、jǔsàng、cuòbàigǎn děng. Dàn wúlùn qí xìngzhì zěnyàng,

情绪价值都是人类生活中不可或缺的一部分。
qíngxù jiàzhí dōu shì rénlèi shēnghuó zhōng bù kě huò quē de yíbùfen.

关注点 guānzhùdiǎn 관심사 ◆ **所谓** suǒwèi ~라는 것은, 소위, 이른바 ◆ **简而言之** jiǎn ér yán zhī 간단히 말해서 ◆ **正面** zhèngmiàn 긍정적인 면, 좋은 면 ◆ **负面** fùmiàn 부정적인 면, 나쁜 면 ◆ **体现** tǐxiàn 구현하다, 체현하다 ◆ **层面** céngmiàn 차원, 측면 ◆ **涉及** shèjí 언급하다, 관련되다, 미치다 ◆ **人际关系** rénjì guānxi 인맥, 대인 관계, 인간관계 ◆ **如** rú 예를 들면 ◆ **成就感** chéngjiùgǎn 성취감 ◆ **消极** xiāojí 소극적이다, 부정적인 ◆ **体验** tǐyàn 체험(하다) ◆ **焦虑** jiāolǜ 마음을 졸이다, 애타게 근심하다 ◆ **沮丧** jǔsàng 낙담하다, 실망하다 ◆ **挫败感** cuòbàigǎn 좌절감, 패배감 ◆ **性质** xìngzhì 성질, 본질 ◆ **人类** rénlèi 인류, 인간

在个体层面上，情绪价值是我们认识自己、理解自己的
Zài gètǐ céngmiàn shàng, qíngxù jiàzhí shì wǒmen rènshi zìjǐ、lǐjiě zìjǐ de

一种方式。通过对情绪的感受，我们可以更深入地了解
yì zhǒng fāngshì. Tōngguò duì qíngxù de gǎnshòu, wǒmen kěyǐ gèng shēnrù de liǎojiě

自己的需求和欲望，从而更好地满足自己的心理需求。同时，
zìjǐ de xūqiú hé yùwàng, cóng'ér gèng hǎo de mǎnzú zìjǐ de xīnlǐ xūqiú. Tóngshí,

情绪也是我们与他人建立联系、沟通和交流的桥梁。通过
qíngxù yěshì wǒmen yǔ tārén jiànlì liánxì、gōutōng hé jiāoliú de qiáoliáng. Tōngguò

- **深入** shēnrù 깊이 들어가다, 심화시키다 ● **建立** jiànlì 설립하다, 세우다, 맺다 ● **联系** liánxì 연결하다, 연계하다
- **交流** jiāoliú 교류하다, 왕래하다 ● **桥梁** qiáoliáng 중개, 매개, 다리

情绪价值成为人们的关注点

表达情绪，我们可以传递自己的想法和感受，促进彼此之间的
biǎodá qíngxù, wǒmen kěyǐ chuándì zìjǐ de xiǎngfǎ hé gǎnshòu, cùjìn bǐcǐ zhījiān de

理解和信任。
lǐjiě hé xìnrèn.

在人际关系和社会互动中，情绪价值更是扮演着
Zài rénjì guānxi hé shèhuì hùdòng zhōng, qíngxù jiàzhí gèngshì bànyǎnzhe

至关重要的角色。一个充满积极情绪的人往往更容易
zhìguān zhòngyào de juésè. Yí ge chōngmǎn jījí qíngxù de rén wǎngwǎng gèng róngyì

吸引他人的注意和好感，从而建立起来❶良好的人际关系。
xīyǐn tārén de zhùyì hé hǎogǎn, cóng'ér jiànlì qǐlái liánghǎo de rénjì guānxi.

相反，消极情绪则可能导致人际关系的紧张甚至破裂，对个人
Xiāngfǎn, xiāojí qíngxù zé kěnéng dǎozhì rénjì guānxi de jǐnzhāng shènzhì pòliè, duì gèrén

和社会造成负面影响。
hé shèhuì zàochéng fùmiàn yǐngxiǎng.

可见❷，只有当我们真正了解和关注自己的情绪时，
Kějiàn, zhǐyǒu dāng wǒmen zhēnzhèng liǎojiě hé guānzhù zìjǐ de qíngxù shí,

才能更好地应对挑战并享受生活的美好。同时，
cáinéng gèng hǎo de yìngduì tiǎozhàn bìng xiǎngshòu shēnghuó de měihǎo. Tóngshí,

---

表达 biǎodá 표현하다, 나타내다 ◆ 彼此 bǐcǐ 피차, 상호, 쌍방, 서로 ◆ 信任 xìnrèn 신임(하다) ◆ 扮演 bànyǎn ~역할을 맡다 ◆ 至关重要 zhìguān zhòngyào 매우 중요하다, 지극히 중요하다 ◆ 好感 hǎogǎn 호감 ◆ 良好 liánghǎo 양호하다, 좋다 ◆ 相反 xiāngfǎn 상반되다, 반대되다, 반면 ◆ 导致 dǎozhì 야기하다, 초래하다 ◆ 破裂 pòliè (사이가) 틀어지다, 결렬하다 ◆ 造成 zàochéng 조성하다, 만들다, 초래하다 ◆ 可见 kějiàn ~을 알 수 있다 ◆ 真正 zhēnzhèng 진실로, 참으로 ◆ 应对 yìngduì 대응하다

也要学会给自己提供情绪价值并寻求外部支持和帮助，
yě yào xuéhuì gěi zìjǐ tígōng qíngxù jiàzhí bìng xúnqiú wàibù zhīchí hé bāngzhù,

以保持良好的心理状态和生活质量。
yǐ bǎochí liánghǎo de xīnlǐ zhuàngtài hé shēnghuó zhìliàng.

😊 확인하기

1. 정서적 가치에는 여러 가지가 포함되어 있는데, 다음 중 정서적 가치에 포함되지 않는 것은 무엇일까요?
   - ❶ 个体层面
   - ❷ 人际关系
   - ❸ 社会互动
   - ❹ 未来规划

2. 감정을 표현함으로써 우리는 자신의 어떤 면을 전달할 수 있나요?
   - ❶ 观点
   - ❷ 感受
   - ❸ 思想
   - ❹ 情感

3. 어떤 사람이 다른 사람의 주목을 받고 더 쉽게 호감을 끌어낼까요?
   - ❶ 重视生活质量
   - ❷ 充满幸福情感
   - ❸ 充满积极情绪
   - ❹ 喜欢和人聊天

4. 부정적 감정은 인간관계에서 어떤 결과를 초래할 수 있나요?
   - ❶ 难交朋友
   - ❷ 难以互动
   - ❸ 关系紧张
   - ❹ 朋友远离

寻求 xúnqiú 찾다, 탐구하다 ◆ **外部** wàibù 외부 ◆ **支持** zhīchí 지지하다, 후원하다 ◆ **状态** zhuàngtài 상태, 양상 ◆ **质量** zhìliàng 질, 품질 ◆ **规划** guīhuà 계획(하다), 기획(하다) ◆ **观点** guāndiǎn 관점, 입장 ◆ **远离** yuǎnlí 멀리 떨어지다, 멀리하다

어법 만나기

① 동사+起来

'起来'는 방향보어로, '동사+起来'의 형식으로 사용할 수 있으며 다음 세 가지 파생 의미가 있다.

❶ 어떤 동작이나 상태가 시작하여 계속 지속됨을 나타낸다.

- 小丽很喜欢跳舞，只要听到音乐，她就会情不自禁地跳起来。
  Xiǎolì hěn xǐhuan tiàowǔ, zhǐyào tīngdào yīnyuè, tā jiù huì qíng bú zì jīn de tiào qǐlái.
  샤오리는 춤추는 것을 매우 좋아해서 음악만 들으면 저도 모르게 춤을 추기 시작한다.

❷ '기억을 되살리다'라는 의미를 나타낸다.

- 一看到这些照片，妈妈就会回忆起来自己年轻的时候。
  Yí kàndào zhèxiē zhàopiàn, māma jiù huì huíyì qǐlái zìjǐ niánqīng de shíhou.
  이 사진들만 보면 엄마는 자신의 젊었을 때를 떠올리곤 한다.

❸ '흩어진 것을 집중시키다'라는 뜻을 나타낸다.

- 他把所有的资料都整理起来，准备交给老师。
  Tā bǎ suǒyǒu de zīliào dōu zhěnglǐ qǐlái, zhǔnbèi jiāogěi lǎoshī.
  그는 모든 자료를 다 정리해서 선생님께 드리려고 한다.

② 可见 보다시피, 따라서

접속사로, 앞뒤 문장을 연결하고 앞 문장을 이어받아, 앞 문장의 내용에 따라 결론이나 판단을 내릴 수 있음을 나타낸다.

- 接连来了几次电话，可见情况十分紧急。
  Jiēlián láile jǐ cì diànhuà, kějiàn qíngkuàng shífēn jǐnjí.
  연달아 몇 번의 전화가 온 걸 보니 상황이 매우 급하다는 것을 알 수 있다.

- 西瓜这么便宜都没人买，可见这种西瓜并不好吃。
  Xīguā zhème piányi dōu méi rén mǎi, kějiàn zhè zhǒng xīguā bìngbù hǎochī.
  수박이 이렇게 싼데 아무도 사지 않는 걸 보니 이 수박은 맛이 없다는 것을 알 수 있다.

◆ 유의어 비교

了解 알다, 이해하다	理解 이해(하다)
익숙히 알고 있음을 강조하며, 사물에 대한 표면적인 인식일 뿐 심층적인 사고와 분석을 포함하지 않는다. 반드시 감정과 태도의 변화를 수반하는 것은 아니다. 종종 '全面, 广泛, 深入' 등의 단어들과 함께 쓰인다.	사물에 대한 표면적인 인식일 뿐만 아니라 사물의 내적인 본질과 규칙에 대한 파악이다. 깊이 있는 이해로 인해 감정과 태도의 변화가 생길 수 있다. 종종 '正确, 深刻, 充分' 등의 단어들과 함께 쓰인다.
我们应该让公众全面了解事情的真相。 Wǒmen yīnggāi ràng gōngzhòng quánmiàn liǎojiě shìqíng de zhēnxiàng. 우리는 대중들이 사건의 진실을 전면적으로 알게 해야 한다. (대중들이 사건의 진실을 명확하게 알게 함)	我的妹妹虽然读完了这个故事，但不能理解这个故事的含义。 Wǒ de mèimei suīrán dúwánle zhège gùshi, dàn bùnéng lǐjiě zhège gùshi de hányì. 내 여동생은 비록 이 이야기를 다 읽었지만 이 이야기가 내포하고 있는 뜻을 이해할 수 없었다. (이야기의 본질을 잘 파악할 수 없음)

◆ 고정 짝꿍

所谓……，就是…… ~라는 것은 (바로) ~이다	所谓幸运，就是当你准备好了的时候，机会来了。 Suǒwèi xìngyùn, jiùshì dāng nǐ zhǔnbèi hǎole de shíhou, jīhuì láile. 소위 말하는 행운은 네가 준비가 되었을 때 기회가 온 것이다.
涉及到……方面 ~에 관련되다	涉及到照顾孩子方面的事情，她总是找理由拒绝。 Shèjí dào zhàogù háizi fāngmiàn de shìqing, tā zǒngshì zhǎo lǐyóu jùjué. 아이를 돌보는 일에 관련해서 그녀는 줄곧 이유를 찾아 거절했다.
与……建立联系/关系 ~와 연락/관계를 형성하다	在新的城市，我努力与当地人建立友好关系。 Zài xīn de chéngshì, wǒ nǔlì yǔ dāngdìrén jiànlì yǒuhǎo guānxi. 새로운 도시에서 나는 현지인들과 우호적인 관계를 형성하려고 노력하고 있다.
吸引……注意 ~의 관심을 끌다	这个表演非常精彩，吸引了观众们的注意。 Zhège biǎoyǎn fēicháng jīngcǎi, xīyǐnle guānzhòngmen de zhùyì. 이 공연은 매우 훌륭해서 관중들의 관심을 끌었다.
给……提供…… ~에게 ~를 제공하다	很多父母都想给自己的孩子提供良好的生活环境。 Hěn duō fùmǔ dōu xiǎng gěi zìjǐ de háizi tígōng liánghǎo de shēnghuó huánjìng. 많은 부모들은 자기 자식에게 좋은 생활 환경을 제공하고 싶어 한다.
保持……状态 ~상태를 유지하다	面对生活的压力，最重要的是，要保持良好的心理状态。 Miànduì shēnghuó de yālì, zuì zhòngyào de shì, yào bǎochí liánghǎo de xīnlǐ zhuàngtài. 삶의 스트레스에 직면했을 때 가장 중요한 것은 양호한 심리 상태를 유지하는 것이다.

문제 만나기

1 본문 내용에 따라 옳고 그름을 판단하세요.

❶ 所谓情绪价值就是指情绪所带来的正面或负面的影响和价值。（ ）

❷ 在社会层面上，情绪价值是我们认识自己、理解自己的一种方式。
（ ）

❸ 情绪也是我们与他人建立联系、沟通和交流的桥梁。（ ）

❹ 消极情绪会导致个人的情绪紧张，对个人造成负面影响。（ ）

2 밑줄 친 부분과 비슷한 의미를 가진 보기를 고르세요.

❶ 所谓情绪价值，**简而言之**，就是情绪所带来的正面或负面的影响和价值。

 A 仔细地说   B 简括地说
 C 议论纷纷   D 更重要的是

❷ 无论其性质怎样，情绪价值都是人类生活中**不可或缺**的一部分。

 A 不能缺少   B 各种各样
 C 无法说明   D 或多或少

❸ 通过表达情绪，我们可以传递自己的想法和感受，促进**彼此之间**的理解和信任。

 A 朋友之间   B 他人关系
 C 你我之间   D 相互之间

❹ 在人际关系和社会互动中，情绪价值更是**扮演着至关重要的角色**。

 A 喜欢剧中人物   B 选择人物重要
 C 起到重要作用   D 创造人物重要

3 '所谓……, 就是……'를 사용하여 밑줄 친 부분을 바꿔 보세요.

❶ <u>什么是朋友，它的概念是</u>在你需要时伸出援手，帮助你克服困难的人。

→ _____

❷ <u>幸运的概念是</u>当你准备好了的时候，机会就来了。

→ _____

4 다음 문장을 바르게 고쳐 보세요.

❶ 妈妈经常向老师理解我在学校的学习情况。

→ _____

❷ 对于学生来说，了解这篇课文确实很难。

→ _____

5 본문 내용을 바탕으로 질문에 답해 보세요.

❶ 请举例说明情绪价值是一种怎样的消极的体验。

→ _____

❷ 通过对情绪的感受，我们可以更深入地了解自己的需求和欲望，从而会有什么结果？

→ _____

❸ 一个充满积极情绪的人往往更容易吸引他人的注意和好感，从而会带来什么结果？

→ _____

내 글씨로 독해 즐기기

■ 본문 속 문장들을 필사해 보세요.

[문장 1]

　　所谓情绪价值，简而言之，就是情绪所带来的正面或负面的影响和价值。

[문장 2]

　　在人际关系和社会互动中，情绪价值更是扮演着至关重要的角色。

7과

如何看待年轻人的佛系就业观？

청년 세대의 불계 취업관을
어떻게 바라볼 것인가?

如何看待年轻人的佛系就业观？
Rúhé kàndài niánqīngrén de fó xì jiùyèguān?

随着社会的发展和经济的变化，越来越多的年轻人开始
Suízhe shèhuì de fāzhǎn hé jīngjì de biànhuà, yuèláiyuè duō de niánqīngrén kāishǐ

拥抱 "佛系" 就业观念，即对职业和工作缺乏强烈的渴望和
yōngbào "Fó xì" jiùyè guānniàn, jí duì zhíyè hé gōngzuò quēfá qiángliè de kěwàng hé

追求。这种就业观念与传统观念不同，引发了广泛的
zhuīqiú. Zhè zhǒng jiùyè guānniàn yǔ chuántǒng guānniàn bù tóng, yǐnfāle guǎngfàn de

讨论和争论，有人赞赏，而❶有人则❶认为它不利于个人和社会
tǎolùn hé zhēnglùn, yǒurén zànshǎng, ér yǒurén zé rènwéi tā búlì yú gèrén hé shèhuì

的发展。
de fāzhǎn.

众所周知，佛系文化强调平和、自我接纳和健康，
Zhòng suǒ zhōu zhī, fó xì wénhuà qiángdiào pínghé, zìwǒ jiēnà hé jiànkāng,

是一种有益的心态和生活方式，甚至可以帮助年轻人在
shì yì zhǒng yǒuyì de xīntài hé shēnghuó fāngshì, shènzhì kěyǐ bāngzhù niánqīngrén zài

 새단어

如何 rúhé 어떻게, 어떤 ◆ **看待** kàndài 대하다, 다루다 ◆ **佛系** fó xì 불계[모든 일을 담담하게 보며 살아가는 생활 태도] ◆ **就业观** jiùyèguān 취업관 ◆ **拥抱** yōngbào 받아들이다, 포옹하다 ◆ **即** jí 즉, 바로, 다시 말해서 ◆ **缺乏** quēfá 결핍되다, 모자라다 ◆ **传统** chuántǒng 전통, 고유 ◆ **广泛** guǎngfàn 광범(위)하다, 폭넓다, 대거 ◆ **争论** zhēnglùn 쟁론(하다), 논쟁(하다) ◆ **赞赏** zànshǎng 높이 평가하다, 긍정적으로 보다 ◆ **不利于** búlì yú ~에 불리하다, ~에 좋지 않다 ◆ **众所周知** zhòng suǒ zhōu zhī 모든 사람이 다 알고 있다, 주지하고 있다 ◆ **强调** qiángdiào 강조하다 ◆ **平和** pínghé 평온하다, 평화롭다 ◆ **接纳** jiēnà 받아들이다 ◆ **有益** yǒuyì 유익하다, 도움이 되다

快速变化的社会环境中保持平衡。可见，"佛系"就业观念
kuàisù biànhuà de shèhuì huánjìng zhōng bǎochí pínghéng. Kějiàn, "Fó xì" jiùyè guānniàn

并不等于消极的态度和行为。许多年轻人选择"佛系"就业观
bìngbù děngyú xiāojí de tàidu hé xíngwéi. Xǔduō niánqīngrén xuǎnzé "Fó xì" jiùyèguān

是因为他们对于主流职业观念的追求感到疲惫和失落，而并
shì yīnwèi tāmen duìyú zhǔliú zhíyè guānniàn de zhuīqiú gǎndào píbèi hé shīluò, ér bìng

平衡 pínghéng 평형, 균형 ◆ **态度** tàidu 태도, 몸짓, 거동 ◆ **主流** zhǔliú 주류, 주요 추세, 주된 경향, 대세 ◆ **疲惫** píbèi 완전히 지쳐 버리다 ◆ **失落** shīluò 실의, 서운하다, 허전하다

不是放弃个人发展和职业追求。他们更❷注重工作和
bú shì fàngqì gèrén fāzhǎn hé zhíyè zhuīqiú. Tāmen gèng zhùzhòng gōngzuò hé

生活的平衡，而非❷仅仅为❸事业和金钱而❸努力奋斗。
shēnghuó de pínghéng, érfēi jǐnjǐn wèi shìyè hé jīnqián ér nǔlì fèndòu.

在未来，年轻人的就业观念可能会不断演变和改变。
Zài wèilái, niánqīngrén de jiùyè guānniàn kěnéng huì búduàn yǎnbiàn hé gǎibiàn.

作为社会成员，我们应该尊重每个人的选择和价值观，
Zuòwéi shèhuì chéngyuán, wǒmen yīnggāi zūnzhòng měige rén de xuǎnzé hé jiàzhíguān,

并为年轻人提供更多的机会和支持，让他们能够实现
bìng wèi niánqīngrén tígōng gèng duō de jīhuì hé zhīchí, ràng tāmen nénggòu shíxiàn

自身的理想和追求。
zìshēn de lǐxiǎng hé zhuīqiú.

总之，"佛系"就业观是一种新兴的就业观念，尽管这
Zǒngzhī, "Fó xì" jiùyèguān shì yì zhǒng xīnxīng de jiùyè guānniàn, jǐnguǎn zhè

种观念与传统的成功观念和竞争观念不同，
zhǒng guānniàn yǔ chuántǒng de chénggōng guānniàn hé jìngzhēng guānniàn bùtóng,

但我们还是需要尊重每一个年轻人的选择和价值观，
dàn wǒmen háishi xūyào zūnzhòng měi yí ge niánqīngrén de xuǎnzé hé jiàzhíguān,

并以开放和包容的心态为他们提供更适合职业发展的
bìng yǐ kāifàng hé bāoróng de xīntài wèi tāmen tígōng gèng shìhé zhíyè fāzhǎn de

---

事业 shìyè 사업, 영업 ◆ **金钱** jīnqián 금전, 돈 ◆ **奋斗** fèndòu 분투하다, 노력하다 ◆ **演变** yǎnbiàn 변화 발전(하다), 변천(하다) ◆ **成员** chéngyuán 구성 인원, 성원 ◆ **尊重** zūnzhòng 존중하다, 중시하다 ◆ **实现** shíxiàn 실현하다, 달성하다 ◆ **自身** zìshēn 자신, 본인 ◆ **总之** zǒngzhī 요컨대, 아무튼, 결론적으로 ◆ **新兴** xīnxīng 신흥의, 새로 일어난 ◆ **开放** kāifàng 개방하다, 열다 ◆ **包容** bāoróng 포용(관용)하다, 수용하다

支持，希望年轻人在实现自我价值的同时，也对社会作出
zhīchí, xīwàng niánqīngrén zài shíxiàn zìwǒ jiàzhí de tóngshí, yě duì shèhuì zuòchū

贡献。
gòngxiàn.

😊 확인하기

1. '불계' 취업관은 무엇에 대한 간절한 바람과 욕구가 부족한가요?
   - ❶ 职业规划
   - ❷ 职业和工作
   - ❸ 薪水酬劳
   - ❹ 工作环境

2. 일부 사람들이 '불계' 관념을 긍정적으로 평가하지 않는 이유는 무엇인가요?
   - ❶ 不重视企业的利益
   - ❷ 不主动与他人交流
   - ❸ 只是追求自己的未来
   - ❹ 不利于个人和社会发展

3. 젊은이들은 단순한 성취와 경제적 부를 위한 노력에만 치중하지 않고 오히려 무엇을 더 중요하게 여기나요?
   - ❶ 如何提高生活质量
   - ❷ 如何扩大知识储备
   - ❸ 工作和生活的平衡
   - ❹ 个人休闲时间的利用

4. 우리는 젊은이들이 자아를 실현하는 동시에 무엇을 하기를 기대하나요?
   - ❶ 完善自己的人生
   - ❷ 培养更多的能力
   - ❸ 创造更多的机会
   - ❹ 对社会作出贡献

自我价值 zìwǒ jiàzhí 자기 가치 ◆ **贡献** gòngxiàn 공헌(하다), 기여(하다) ◆ **薪水** xīnshui 급료, 급여 ◆ **酬劳** chóuláo 노고에 보답하다, 위로금, 사례금 ◆ **企业** qǐyè 기업, 기업체 ◆ **利益** lìyì 이익, 이득 ◆ **主动** zhǔdòng 능동적이다, 자발적이다, 적극적이다 ◆ **扩大** kuòdà 확대하다, 넓히다 ◆ **储备** chǔbèi 비축하다, 저장하다 ◆ **休闲** xiūxián 휴식 오락 활동, 레저 활동 ◆ **完善** wánshàn 완전하다, 완벽하다, 완전해지게 하다

어법 만나기

❶ 而……则/却 ~하지만 오히려

전환 관계를 나타내는 구조로, '而'은 앞뒤 문장을 연결하는 역할을 하고 '则/却'는 전환의 어기를 강조하는 역할을 한다. '则/却'는 일반적으로 주어 뒤, 술어 앞에 위치한다는 점에 주의해야 한다.

- 下雨了，同学们都打伞回家了，而小明却坐在教室里面没有动。
  Xiàyǔle, tóngxuémen dōu dǎsǎn huíjiāle, ér Xiǎomíng què zuòzài jiàoshì lǐmiàn méiyǒu dòng.
  비가 와서 학우들은 모두 우산을 쓰고 집으로 돌아갔지만 샤오밍은 교실에 앉아 움직이지 않았다.

- 冬天的乡村非常寒冷，而很多人却很喜欢在这种天气里滑冰或滑雪。
  Dōngtiān de xiāngcūn fēicháng hánlěng, ér hěn duō rén què hěn xǐhuan zài zhè zhǒng tiānqì lǐ huábīng huò huáxuě.
  겨울의 농촌은 매우 춥지만 많은 사람들은 오히려 이런 날씨에 스케이트나 스키 타는 것을 좋아한다.

❷ 更……，而非(而不是) ~이 아니라 더 ~하다

주로 비교 또는 선택에서 전자를 강조하고 후자를 부정할 때 사용한다.

- 这个设计更具有创意，而非单纯的模仿。
  Zhège shèjì gèng jùyǒu chuàngyì, érfēi dānchún de mófǎng.
  이 디자인은 단순한 모방이 아니라 더 창의적이다.

- 他更喜欢独立完成自己的工作，而非在你的帮助下。
  Tā gèng xǐhuan dúlì wánchéng zìjǐ de gōngzuò, érfēi zài nǐ de bāngzhù xià.
  그는 너의 도움보다 혼자의 힘으로 자신의 일을 끝내는 것을 더 선호한다.

❸ 为……而…… ~로 인해 ~하다

'为'는 개사로, 동작이나 상태의 목적 또는 원인을 끌어낸다. '而'은 접속사로, 앞뒤 두 부분을 연결하여 순접 또는 전환의 관계를 나타낸다.

- 我为自己的妻子获得这么好的机会而感到高兴。
  Wǒ wèi zìjǐ de qīzi huòdé zhème hǎo de jīhuì ér gǎndào gāoxìng.
  나는 내 아내가 이렇게 좋은 기회를 얻게 되어 매우 기쁘다.

- 大家都为你能克服困难而感到惊讶。 네가 어려움을 극복해내서 모두가 놀랐다.
  Dàjiā dōu wèi nǐ néng kèfú kùnnan ér gǎndào jīngyà.

◆ 유의어 비교

变化 변화(하다), 달라지다	동사로, 사물이 형태 또는 본질적으로 새로운 상황이 생겼음을 강조한다. 이 상황은 일반적으로 시간이 지남에 따라 생긴 결과이다. **我的家乡发生了很大的变化。** Wǒ de jiāxiāng fāshēngle hěn dà de biànhuà. 내 고향에 큰 변화가 생겼다. (고향의 새로운 상황은 시간이 지남에 따라 생긴 결과)
演变 변화 발전(하다)	오랜 시간 동안의 발전 변화를 말한다. 생물 진화와 사회 발전 영역에 자주 사용되며 시간상의 지속성 과정을 나타낸다. **语言的演变是一个复杂而漫长的过程。** Yǔyán de yǎnbiàn shì yí ge fùzá ér màncháng de guòchéng. 언어의 변천은 복잡하고 긴 과정이다. (언어의 변화는 오랜 시간을 거쳤고 지속성이 있음)
改变 변하다, 바꾸다	사람이나 사물이 원래의 상황과 비교했을 때 현저한 차이가 있음을 강조한다. 자주 함께 쓰이는 단어로는 '路线, 关系, 方法, 性质, 环境, 位置, 数量, 形状, 颜色, 声音' 등이 있다. **他改变了说话的方式，使大家更容易理解。** Tā gǎibiànle shuōhuà de fāngshì, shǐ dàjiā gèng róngyì lǐjiě. 그는 사람들이 더 쉽게 이해할 수 있도록 말하는 방식을 바꿨다. (말하는 방식이 이전과 다르다는 것을 강조)

◆ 고정 짝꿍

……与……不同 ~와 ~의 다른 점	**我与他的不同就是他喜欢流行歌曲，而我却喜欢古典音乐。** Wǒ yǔ tā de bùtóng jiùshì tā xǐhuan liúxíng gēqǔ, ér wǒ què xǐhuan gǔdiǎn yīnyuè. 나와 그의 다른 점은 그는 대중가요를 좋아하지만 나는 클래식을 좋아한다는 것이다.
……不利于…… ~는 ~에 좋지 않다	**长时间不睡觉不利于身体健康。** Cháng shíjiān bú shuìjiào búlì yú shēntǐ jiànkāng. 장시간 잠을 자지 않으면 건강에 좋지 않다.
……不等于…… ~와 ~는 다르다	**追求流行并不等于失去个性。** Zhuīqiú liúxíng bìngbù děngyú shīqù gèxìng. 유행을 따르는 것과 개성을 잃는 것은 다르다.
为……提供……机会/支持 ~을 위해 ~기회/지원을 제공하다	**我们要为新员工提供各种支持。** Wǒmen yào wèi xīn yuángōng tígōng gèzhǒng zhīchí. 우리는 신입사원을 위해 다양한 지원을 제공해야 한다.
对/为……作出贡献 ~에/~을 위해 기여하다	**为国家作出贡献是他的理想。** Wèi guójiā zuòchū gòngxiàn shì tā de lǐxiǎng. 국가를 위해 기여하는 것은 그의 꿈이다.

문제 만나기

1 본문 내용에 따라 옳고 그름을 판단하세요.

① 对于"佛系"就业观念，专家认为它不利于个人和社会的发展。（　）

② "佛系"就业观念等于消极的态度和行为。（　）

③ 选择"佛系"就业观的年轻人，不是仅仅为事业和金钱而努力奋斗的。（　）

④ "佛系"就业观与传统的成功观念和竞争观念相同。（　）

2 밑줄 친 부분과 비슷한 의미를 가진 보기를 고르세요.

① 随着社会的发展和经济的变化，越来越多的年轻人开始**拥抱**"佛系"就业观念。

　A 接受　　　　　　　B 理解
　C 了解　　　　　　　D 反对

② "佛系"就业观念并不**等于**消极的态度和行为。

　A 好像　　　　　　　B 相似
　C 根据　　　　　　　D 相同

③ "佛系"就业观是一种**新兴**的就业观念。

　A 受到关注　　　　　B 非常新鲜
　C 刚刚出现　　　　　D 非常流行

④ 希望年轻人在**实现自我价值**的同时，也对社会作出贡献。

　A 鉴定自我价值　　　B 需要换位思考
　C 重视自己的地位　　D 发挥自己的能力

3 '而……却'를 사용하여 두 문장을 한 문장으로 바꿔 보세요.

① A) 天气预报说今天会下雨，B) 我忘记带伞。
→ _____

② A) 咖啡店人很多，又很吵，B) 我喜欢在这里学习。
→ _____

4 다음 문장을 바르게 고쳐 보세요.

① 每一天都在演变，不要用原来的方法解决问题。
→ _____

② 有些动物对天气的改变非常敏感。
→ _____

③ 生物种群的特性在漫长的进化过程中不断改变，适应环境的变化。
→ _____

5 본문 내용을 바탕으로 질문에 답해 보세요.

① 佛系文化强调的是什么？
→ _____

② 许多年轻人选择"佛系"就业观的原因是什么？
→ _____

③ 我们应该以什么样的心态为年轻人提供更适合职业发展的支持？
→ _____

내 글씨로 독해 즐기기

■ 본문 속 문장들을 필사해 보세요.

[문장 1]

　　佛系文化强调平和、自我接纳和健康，是一种有益的心态和生活方式。

[문장 2]

　　年轻人更注重工作和生活的平衡，而非仅仅为事业和金钱而努力奋斗。

과

智能技术对人类的冲击

AI(인공지능) 기술이
인류에게 주는 타격

智能技术对人类的冲击
Zhìnéng jìshù duì rénlèi de chōngjī

近年来，人工智能技术快速发展，成为推动科技和产业
Jìniánlái, réngōng zhìnéng jìshù kuàisù fāzhǎn, chéngwéi tuīdòng kējì hé chǎnyè

加速发展的重要力量，对经济社会发展和人类文明进步
jiāsù fāzhǎn de zhòngyào lìliang, duì jīngjì shèhuì fāzhǎn hé rénlèi wénmíng jìnbù

产生深远影响，如，提高生产力、改善生活质量、
chǎnshēng shēnyuǎn yǐngxiǎng, rú, tígāo shēngchǎnlì、gǎishàn shēnghuó zhìliàng、

促进创新等。
cùjìn chuàngxīn děng.

在医疗领域，人工智能可以 帮助❶ 医生更准确地
Zài yīliáo lǐngyù, réngōng zhìnéng kěyǐ bāngzhù yīshēng gèng zhǔnquè de

诊断疾病，提高医疗效率和质量；在交通领域，自动驾驶技术
zhěnduàn jíbìng, tígāo yīliáo xiàolǜ hé zhìliàng; zài jiāotōng lǐngyù, zìdòng jiàshǐ jìshù

智能技术 zhìnéng jìshù 스마트 기술 ◆ **冲击** chōngjī 충돌하다, 충격, 쇼크 ◆ **人工智能** réngōng zhìnéng 인공지능, AI ◆ **推动** tuīdòng 추진(하다), 촉진(하다), 밀고 나아가다 ◆ **加速** jiāsù 가속시키다, 빨리하다 ◆ **文明** wénmíng 문명, 문화 ◆ **产生** chǎnshēng 발생(하다), 생기다, 출현(하다) ◆ **深远** shēnyuǎn 깊다, 심원하다, 깊고 크다 ◆ **生产力** shēngchǎnlì 생산력 ◆ **改善** gǎishàn 개선(하다) ◆ **医疗** yīliáo 의료 ◆ **诊断** zhěnduàn 진단(하다) ◆ **疾病** jíbìng 질병, 병 ◆ **效率** xiàolǜ 효율, 능률 ◆ **交通** jiāotōng 교통 ◆ **自动驾驶技术** zìdòng jiàshǐ jìshù 자율주행 기술

可以提高交通安全和效率；在工业生产领域，智能机器人可以
kěyǐ tígāo jiāotōng ānquán hé xiàolǜ; zài gōngyè shēngchǎn lǐngyù, zhìnéng jīqìrén kěyǐ

提高生产效率和质量。此外，人工智能还可以帮助❶人类
tígāo shēngchǎn xiàolǜ hé zhìliàng. Cǐwài, réngōng zhìnéng hái kěyǐ bāngzhù rénlèi

解决一些全球性的问题，如气候变化、能源短缺等。
jiějué yìxiē quánqiúxìng de wèntí, rú qìhòu biànhuà、néngyuán duǎnquē děng.

工业 gōngyè 공업 ◆ 智能机器人 zhìnéng jīqìrén 지능형 로봇 ◆ 此外 cǐwài 이 밖에, 이 외에 ◆ 全球 quánqiú 전 세계, 전 지구 ◆ 气候变化 qìhòu biànhuà 기후 변화 ◆ 能源 néngyuán 에너지원, 에너지 ◆ 短缺 duǎnquē 결핍(하다), 부족(하다)

然而，人工智能的发展也带来了一些挑战和问题。例如，
Rán'ér, réngōng zhìnéng de fāzhǎn yě dàiláile yìxiē tiǎozhàn hé wèntí. Lìrú,

人工智能可能会导致一些工作岗位的消失，从而
réngōng zhìnéng kěnéng huì dǎozhì yìxiē gōngzuò gǎngwèi de xiāoshī, cóng'ér

影响就业和社会稳定；人工智能的发展还可能带来一些
yǐngxiǎng jiùyè hé shèhuì wěndìng; réngōng zhìnéng de fāzhǎn hái kěnéng dàilái yìxiē

安全和隐私问题，如黑客攻击、数据泄露等。为了应对这些
ānquán hé yǐnsī wèntí, rú hēikè gōngjī, shùjù xièlòu děng. Wèile yìngduì zhèxiē

挑战和问题，人类需要采取一系列措施，也需要加强对人工
tiǎozhàn hé wèntí, rénlèi xūyào cǎiqǔ yíxìliè cuòshī, yě xūyào jiāqiáng duì réngōng

智能的研究和开发，提高人工智能的安全性、可靠性和
zhìnéng de yánjiū hé kāifā, tígāo réngōng zhìnéng de ānquánxìng, kěkàoxìng hé

可控性。
kěkòngxìng.

总的来说❷，人工智能的发展是一把双刃剑，人类
Zǒngde láishuō, réngōng zhìnéng de fāzhǎn shì yì bǎ shuāngrènjiàn, rénlèi

需要在享受人工智能带来的好处的同时，也要积极
xūyào zài xiǎngshòu réngōng zhìnéng dàilái de hǎochù de tóngshí, yě yào jījí

例如 lìrú 예를 들면, 예컨대 ◆ **岗位** gǎngwèi 직책, 직장, 일자리 ◆ **消失** xiāoshī 사라지다, 없어지다, 소실하다 ◆ **稳定** wěndìng 안정(하다), 변동이 없다 ◆ **隐私** yǐnsī 사생활, 프라이버시 ◆ **黑客** hēikè 해커 ◆ **攻击** gōngjī 공격(하다) ◆ **数据** shùjù 데이터, 통계 수치 ◆ **泄露** xièlòu 누설하다, 폭로하다, 흘리다 ◆ **采取** cǎiqǔ 채용하다, 채택하다, 취하다 ◆ **一系列** yíxìliè 일련의 ◆ **措施** cuòshī 조치(하다), 대책 ◆ **加强** jiāqiáng 강화하다, 보강하다 ◆ **开发** kāifā 개발하다 ◆ **可靠性** kěkàoxìng 믿음성, 신뢰성 ◆ **可控性** kěkòngxìng 통제 가능성 ◆ **总的来说** zǒngde lái shuō 전반적으로 말하자면 ◆ **双刃剑** shuāngrènjiàn 양날의 칼

应对人工智能带来的挑战和问题，以实现人工智能与人类
yìngduì réngōng zhìnéng dàilái de tiǎozhàn hé wèntí, yǐ shíxiàn réngōng zhìnéng yǔ rénlèi

的和谐共处。
de héxié gòngchǔ.

😊 확인하기

1. 과학기술과 산업의 빠른 발전을 이끄는 핵심은 무엇인가요?
   - ❶ 社会文明的发展
   - ❷ 政府的大力支持
   - ❸ 技术人员的关心度
   - ❹ 人工智能技术的发展

2. 모빌리티의 경우, 교통의 안전성과 효율성을 높이는 것은 무엇인가요?
   - ❶ 交通道路的完善
   - ❷ 自动驾驶的技术
   - ❸ 电子地图的引导
   - ❹ 汽车内部的改进

3. 공업 생산의 경우, 지능형 로봇은 무엇을 증대시킬 수 있나요?
   - ❶ 生产质量
   - ❷ 生产方式
   - ❸ 产品开发
   - ❹ 生产技术

4. 인류는 AI의 여러 가지 성능을 높여야 하는데 본문에서 언급하지 않은 것은 무엇인가요?
   - ❶ 安全性
   - ❷ 技术性
   - ❸ 可控性
   - ❹ 可靠性

和谐 héxié 잘 어울리다, 조화롭다 ◆ **共处** gòngchǔ 공존하다 ◆ **政府** zhèngfǔ 정부 ◆ **大力** dàlì 강력하게, 힘껏 ◆ **技术人员** jìshù rényuán 기술자, 엔지니어 ◆ **关心度** guānxīndù 관심도

智能技术对人类的冲击

 **어법 만나기**

① 겸어문(사역문)

겸어문의 형식은 일반적으로 '주어+술어1+겸어+술어2'이다. 그중 술어1의 목적어가 술어2의 주어이기 때문에 '겸어'라고 부른다. 겸어문에서 자주 사용하는 동사는 명령형 동사(请, 叫, 让, 命令, 动员), 애증과 희노형 동사(称赞, 表扬, 爱, 恨, 喜欢), 추천형 동사(选, 选拔, 选举, 推荐), 유무형 동사(有, 没有) 등이 있다.

- 老师让我回答问题。 선생님은 나에게 질문에 대답하라고 했다. ('我'가 겸어)
  Lǎoshī ràng wǒ huídá wèntí.

- 老师称赞他是一个好学生。 선생님은 그를 좋은 학생이라고 칭찬했다. ('他'가 겸어)
  Lǎoshī chēngzàn tā shì yí ge hǎo xuéshēng.

- 公司领导推荐新员工参加会议。
  Gōngsī lǐngdǎo tuījiàn xīn yuángōng cānjiā huìyì.
  회사 리더가 신입사원을 회의에 참석하도록 추천했다. ('新员工'이 겸어)

- 教室里有学生学习。 교실에 공부하는 학생이 있다. ('学生'이 겸어)
  Jiàoshì lǐ yǒu xuéshēng xuéxí.

② 总的来说 전반적으로 말하면, 아무튼, 어쨌든

'总的来说'는 총괄적인 표현으로, 앞 내용을 요약하고 총정리하는 데 사용한다. 특별한 상황이나 세부 사항보다 전체적인 상황을 강조한다.

- 这个城市的气候非常适宜居住，总的来说，居民的生活质量比较高。
  Zhège chéngshì de qìhòu fēicháng shìyí jūzhù, zǒng de lái shuō, jūmín de shēnghuó zhìliàng bǐjiào gāo.
  이 도시의 기후는 거주하기에 매우 적합해서 전반적으로 주민들의 삶의 질이 비교적 높다.

- 这款手机的外观设计非常漂亮，功能也非常强大，使用起来更加流畅，总的来说，是一款非常出色的手机。
  Zhè kuǎn shǒujī de wàiguān shèjì fēicháng piàoliang, gōngnéng yě fēicháng qiángdà, shǐyòng qǐlái gèngjiā liúchàng, zǒng de lái shuō, shì yì kuǎn fēicháng chūsè de shǒujī.
  이 핸드폰은 외관 디자인이 매우 아름답고 기능도 매우 막강하여 사용하기에 더욱 원활하다. 아무튼 아주 훌륭한 핸드폰이다.

◆ 유의어 비교

准确 확실하다, 틀림없다, 정확하다

정확성을 강조하며, 수량에 더 많이 쓰인다. 주로 계산, 측정, 언어 표현에 쓰인다.

做实验的学生准确地记录着每个实验的数据。

Zuò shíyàn de xuéshēng zhǔnquè de jìlùzhe měige shíyàn de shùjù.

실험을 하는 학생들이 각 실험의 데이터를 정확하게 기록하고 있다. (데이터는 수량에 속함)

正确 정확하다, 틀림없다, 옳다

오류가 없고 사실, 규칙, 도리, 규범이나 기준에 부합한다는 것을 강조한다. 관점, 방법, 의사결정 등의 면에서 옳고 그름을 판단할 때 사용한다.

他选择的实验方法是正确的，所以得到了合理的结论。

Tā xuǎnzé de shíyàn fāngfǎ shì zhèngquè de, suǒyǐ dédàole hélǐ de jiélùn.

그가 선택한 실험 방법은 옳았기에 합리적인 결론을 얻었다. (실험 방법은 옳았음)

◆ 고정 짝꿍

改善……质量
~질을 개선하다

要改善我们的生活质量，必须要从衣食住行各方面进行改变。
Yào gǎishàn wǒmen de shēnghuó zhìliàng, bìxū yào cóng yī shí zhù xíng gè fāngmiàn jìnxíng gǎibiàn.
우리의 삶의 질을 개선하려면 반드시 의식주행 여러 면에서 변화를 주어야 한다.

诊断……疾病
~질병을 진단하다

心脑血管疾病可以通过血液进行检查，而诊断心脑血管疾病还是需要去大医院。
Xīnnǎoxuèguǎn jíbìng kěyǐ tōngguò xuèyè jìnxíng jiǎnchá, ér zhěnduàn xīnnǎoxuèguǎn jíbìng háishi xūyào qù dàyīyuàn.
심뇌혈관 질환은 혈액으로 검사할 수 있지만 심뇌혈관 질환을 진단하기 위해서는 큰 병원에 가야 한다.

提高……效率
효율을 높이다

由于他精力集中，所以提高了学习效率。
Yóuyú tā jīnglì jízhōng, suǒyǐ tígāole xuéxí xiàolǜ.
그가 집중을 했기 때문에 학습 효율이 높아졌다.

在……领域
~분야에서

他在科学领域取得了很大的成就，为社会发展作出重要贡献。
Tā zài kēxué lǐngyù qǔdéle hěn dà de chéngjiù, wèi shèhuì fāzhǎn zuòchū zhòngyào gòngxiàn.
그는 과학 분야에서 큰 성과를 거두었고 사회 발전에 중요한 기여를 했다.

解决……问题
~문제를 해결하다

经过多次讨论，我们终于成功地解决了能源短缺的问题。
Jīngguò duō cì tǎolùn, wǒmen zhōngyú chénggōng de jiějuéle néngyuán duǎnquē de wèntí.
여러 차례의 논의 끝에 우리는 마침내 에너지 부족 문제를 성공적으로 해결했다.

采取……措施
~조치를 취하다

政府采取各种措施，通过清理城市的污染物来保护环境。
Zhèngfǔ cǎiqǔ gèzhǒng cuòshī, tōngguò qīnglǐ chéngshì de wūrǎnwù lái bǎohù huánjìng.
정부는 도시의 오염 물질을 제거하는 등 여러 가지 조치를 취해 환경을 보호한다.

문제 만나기

1 본문 내용에 따라 옳고 그름을 판단하세요.

① 人工智能技术的快速发展，对经济社会发展和人类文明进步产生深远影响。 （　）

② 人工智能难于帮助人类解决一些全球性的问题。 （　）

③ 人工智能可能会导致一些工作岗位的消失，从而影响就业和社会稳定。 （　）

④ 人工智能的发展不是一把双刃剑。 （　）

2 밑줄 친 부분과 비슷한 의미를 가진 보기를 고르세요.

① 近年来，人工智能技术快速发展，**成为**推动科技和产业加速发展的**重要力量**。

　　A 加快了速度　　　　　B 有很大的能力
　　C 集中重要的力量　　　D 起到重要的作用

② 人工智能技术对经济社会发展和人类文明进步产生**深远影响**。

　　A 负面影响　　　　　　B 深刻影响
　　C 很大作用　　　　　　D 积极意义

③ 人工智能可能会**导致一些工作岗位的消失**，从而影响就业和社会稳定。

　　A 提高生产效率　　　　B 维持社会稳定
　　C 解决技术问题　　　　D 使很多人失去工作

④ 为了应对黑客攻击、数据泄露等问题，人类需要采取**一系列措施**。

　　A 各种各样设施　　　　B 一些国家政策
　　C 一些处理方法　　　　D 一些先进技术

3 주어진 단어를 조합하여 겸어문을 만들어 보세요.

❶ 老师   学生   写论文   让

→ _____

❷ 担任   学校   她   推荐   校长

→ _____

4 다음 문장을 바르게 고쳐 보세요.

❶ 他的观点很准确。

→ _____

❷ 他研究出来的实验数据很正确。

→ _____

5 본문 내용을 바탕으로 질문에 답해 보세요.

❶ 举例说明人工智能技术对经济社会发展和人类文明进步产生了怎样的影响?

→ _____

❷ 人工智能帮助人类解决的全球性问题有哪些?

→ _____

❸ 人类需要在享受人工智能带来的好处的同时,也要积极应对什么?

→ _____

내 글씨로 독해 즐기기

■ 본문 속 문장들을 필사해 보세요.

[본문 1]

　　人工智能技术快速发展，成为推动科技和产业加速发展的重要力量。

[본문 2]

　　人工智能可能会导致一些工作岗位的消失，从而影响就业和社会稳定。

9과

气候变化是传染病发生的一大原因

기후 변화는 감염병 발생의
가장 큰 원인이다

气候变化是传染病发生的一大原因
Qìhòu biànhuà shì chuánrǎnbìng fāshēng de yí dà yuányīn

工业革命以来❶，人类活动的日益广泛，造成全球气候
Gōngyè gémìng yǐlái, rénlèi huódòng de rìyì guǎngfàn, zàochéng quánqiú qìhòu

变化。气候变化会通过一系列途径影响人类健康，其中
biànhuà. Qìhòu biànhuà huì tōngguò yíxìliè tújìng yǐngxiǎg rénlèi jiànkāng, qízhōng

包括传染病的传播与流行。全球气候变暖引起的降雨
bāokuò chuánrǎnbìng de chuánbō yǔ liúxíng. Quánqiú qìhòu biànnuǎn yǐnqǐ de jiàngyǔ

和温度变化，会影响病毒滋生的速度，从而引起传染病
hé wēndù biànhuà, huì yǐngxiǎng bìngdú zīshēng de sùdù, cóng'ér yǐnqǐ chuánrǎnbìng

的爆发与流行。特别是，极端天气可通过破坏清洁的水源，
de bàofā yǔ liúxíng. Tèbié shì, jíduān tiānqì kě tōngguò pòhuài qīngjié de shuǐyuán,

为各种病毒提供与人类之间的感染路径，增加传染病的
wèi gèzhǒng bìngdú tígōng yǔ rénlèi zhījiān de gǎnrǎn lùjìng, zēngjiā chuánrǎnbìng de

风险。
fēngxiǎn.

 새단어

传染病 chuánrǎnbìng 전염병, 감염병 ◆ **革命** gémìng 혁명(하다) ◆ **日益** rìyì 날로, 나날이 ◆ **途径** tújìng 경로, 수단, 루트 ◆ **包括** bāokuò 포괄하다, 포함하다 ◆ **传播** chuánbō 전파하다, 널리 퍼뜨리다 ◆ **气候变暖** qìhòu biànnuǎn 기후 온난화, 기온 상승 ◆ **降雨** jiàngyǔ 강우, 비가 내리다, 비를 내리다 ◆ **温度** wēndù 온도 ◆ **病毒** bìngdú 바이러스 ◆ **滋生** zīshēng 번식하다 ◆ **爆发** bàofā 폭발하다, 돌발하다, 갑자기 터져 나오다 ◆ **极端天气** jíduān tiānqì 극단적인 날씨, 기상이변 ◆ **破坏** pòhuài 파괴하다, 훼손하다 ◆ **清洁** qīngjié 청결하다, 깨끗하다 ◆ **水源** shuǐyuán 수원, 상수원, 취수원 ◆ **感染** gǎnrǎn 전염되다, 감염하다 ◆ **路径** lùjìng 방법, 방도, 수단, 경로 ◆ **风险** fēngxiǎn 위험, 리스크

流行性感冒简称"流感",是由流感病毒引起的传染病,
Liúxíngxìng gǎnmào jiǎnchēng "Liúgǎn", shì yóu liúgǎn bìngdú yǐnqǐ de chuánrǎnbìng,

主要通过飞沫传播。引发流行性感冒的因素很多,而气象
zhǔyào tōngguò fēimò chuánbō. Yǐnfā liúxíngxìng gǎnmào de yīnsù hěn duō, ér qìxiàng

因素很可能是影响流感传播的最主要原因。多数研究
yīnsù hěn kěnéng shì yǐngxiǎng liúgǎn chuánbō de zuì zhǔyào yuányīn. Duōshù yánjiū

证据显示,温度和湿度是流感的显著影响因素,并且流感
zhèngjù xiǎnshì, wēndù hé shīdù shì liúgǎn de xiǎnzhù yǐngxiǎng yīnsù, bìngqiě liúgǎn

流行性 liúxíngxìng 유행성, 전염성 ◆ **感冒** gǎnmào 감기(에 걸리다) ◆ **简称** jiǎnchēng 약칭(하다) ◆ **流感** liúgǎn 유행성 감기 ◆ **飞沫** fēimò 비말 ◆ **因素** yīnsù 원인, 조건, 요소 ◆ **气象** qìxiàng 날씨, 기상 ◆ **证据** zhèngjù 증거, 근거 ◆ **显示** xiǎnshì 드러나다, 나타내다 ◆ **湿度** shīdù 습도 ◆ **显著** xiǎnzhù 현저하다, 뚜렷하다, 두드러지다

的发生受到寒冷和干燥气候条件的影响。此外，气候变化
de fāshēng shòudào hánlěng hé gānzào qìhòu tiáojiàn de yǐngxiǎng. Cǐwài, qìhòu biànhuà

导致的极端天气事件逐渐增加，其中沙尘暴和雾霾也会
dǎozhì de jíduān tiānqì shìjiàn zhújiàn zēngjiā, qízhōng shāchénbào hé wùmái yě huì

影响流感的发生。
yǐngxiǎng liúgǎn de fāshēng.

众所周知，2019年底的新冠肺炎疫情成为
Zhòng suǒ zhōu zhī, èr líng yī jiǔ niándǐ de xīnguān fèiyán yìqíng chéngwéi

当前最严重的公共卫生危机。新型病毒的频繁出现，
dāngqián zuì yánzhòng de gōnggòng wèishēng wēijī. Xīnxíng bìngdú de pínfán chūxiàn,

很可能是由于气候变化破坏了数万年以来的自然进化过程，
hěn kěnéng shì yóuyú qìhòu biànhuà pòhuàile shùwàn nián yǐlái de zìrán jìnhuà guòchéng,

使病毒加速变异进而感染人类。气候变化引起的新冠肺炎
shǐ bìngdú jiāsù biànyì jìn'ér gǎnrǎn rénlèi. Qìhòu biànhuà yǐnqǐ de xīnguān fèiyán

疫情给人类社会敲响了警钟，面对极端天气导致的
yìqíng gěi rénlèi shèhuì qiāoxiǎngle jǐngzhōng, miànduì jíduān tiānqì dǎozhì de

传染疾病的爆发，我们 应该❷ 加强对极端天气的监测， 以便❷
chuánrǎn jíbìng de bàofā, wǒmen yīnggāi jiāqiáng duì jíduān tiānqì de jiāncè, yǐbiàn

---

◆ **寒冷** hánlěng 몹시 춥다 ◆ **干燥** gānzào 건조하다 ◆ **条件** tiáojiàn 조건, 기준 ◆ **事件** shìjiàn 사건, 사태, 일 ◆ **沙尘暴** shāchénbào 황사, 모래바람 ◆ **雾霾** wùmái (초)미세먼지, 스모그 ◆ **年底** niándǐ 연말, 세밑 ◆ **新冠肺炎** xīnguān fèiyán 코로나19 ◆ **疫情** yìqíng 역병, 전염병 ◆ **当前** dāngqián 눈앞, 직면하다 ◆ **公共卫生** gōnggòng wèishēng 공중보건, 공중위생 ◆ **危机** wēijī 위기 ◆ **新型** xīnxíng 신형, 신식 ◆ **数万** shùwàn 수만, 오만 ◆ **进化** jìnhuà 진화(하다) ◆ **变异** biànyì 변이(하다) ◆ **进而** jìn'ér 더 나아가, 진일보하여, 나아가서 ◆ **敲响** qiāoxiǎng 두드려 울리다, 소리를 내다 ◆ **警钟** jǐngzhōng 경종, 비상벨 ◆ **监测** jiāncè 모니터링 ◆ **以便** yǐbiàn ~하도록, ~하기 위하여

采取有效的预防措施；最后，还应该让公众了解极端天气
cǎiqǔ yǒuxiào de yùfáng cuòshī; zuìhòu, hái yīnggāi ràng gōngzhòng liǎojiě jíduān tiānqì

和传染病爆发的危害，掌握正确的预防和应对方法，
hé chuánrǎnbìng bàofā de wēihài, zhǎngwò zhèngquè de yùfáng hé yìngduì fāngfǎ,

以此来❸提高自我保护的能力。
yǐ cǐ lái tígāo zìwǒ bǎohù de nénglì.

😊 확인하기

1. 지구 온난화로 인한 강수량과 기온의 변화는 어떤 영향을 가져오나요?
   - ❶ 灾害频繁发生
   - ❷ 动植物发生变异
   - ❸ 影响病毒滋生的速度
   - ❹ 农作物产量的减少

2. 인플루엔자 바이러스는 주로 어떤 경로를 통해 전파되나요?
   - ❶ 水源
   - ❷ 飞沫
   - ❸ 食物
   - ❹ 空气

3. 인플루엔자 바이러스 전파에 영향을 미치는 주요 원인은 무엇일까요?
   - ❶ 身体素质
   - ❷ 资源短缺
   - ❸ 公共事件
   - ❹ 气象因素

4. 기상이변 현상으로 인한 감염병 발병을 직면하고 있는 상황에서 우리는 어떻게 해야 하나요?
   - ❶ 加强监测
   - ❷ 开发技术
   - ❸ 提高警惕
   - ❹ 时刻关注

有效 yǒuxiào 유효하다, 효력이 있다 ◆ **预防** yùfáng 예방(하다) ◆ **公众** gōngzhòng 공중(의), 대중(의) ◆ **危害** wēihài 해를 끼치다, 해치다, 손상시키다 ◆ **掌握** zhǎngwò 장악하다, 지배하다 ◆ **自我保护** zìwǒ bǎohù 자아보호, 자기방어 ◆ **灾害** zāihài 재해 ◆ **动植物** dòngzhíwù 동식물 ◆ **农作物** nóngzuòwù 농작물 ◆ **产量** chǎnliàng 생산량 ◆ **食物** shíwù 음식물 ◆ **空气** kōngqì 공기 ◆ **身体素质** shēntǐ sùzhì 신체 소질, 신체 조건 ◆ **警惕** jǐngtì 경계(하다), 경계심(을 가지다) ◆ **时刻** shíkè 시각, 시간

气候变化是传染病发生的一大原因

어법 만나기

① ……以来 이래, 동안

과거의 어떤 시점부터 현재까지의 일정 기간을 나타내며, 어느 한 시간대를 강조한다. '以来'를 사용할 때는 명확한 시간을 기점으로 삼는 것이 가장 좋지만, '长期, 有史, 自古' 등과 함께 사용할 수도 있다.

- 那本书出版以来，就很受读者的欢迎。
  Nà běn shū chūbǎn yǐlái, jiù hěn shòu dúzhě de huānyíng.
  그 책은 출판된 이래 많은 독자들의 사랑을 받고 있다.

- 入夏以来，长江下游一带降雨频繁，洪涝成灾。
  Rùxià yǐlái, Chángjiāng xiàyóu yídài jiàngyǔ pínfán, hónglào chéngzāi.
  여름이 시작된 후 장강 하류 일대는 비가 잦아 홍수의 피해가 많다.

② 应该/可以/要A……，以便B……
B하기 위해 마땅히 A해야 한다 / A해도 된다 / A해야 한다

'应该, 可以, 要'는 A동작이나 행위가 필수적이거나 적절함을 나타낸다. '以便'은 접속사로, 동작이 필수적이거나 적절함을 나타낼 때 사용한다. 즉 '以便' 뒤의 B목적을 쉽게 달성할 수 있도록 하는 것이다.

- 我们要坐在前排，以便可以看得更清楚。
  Wǒmen yào zuòzài qiánpái, yǐbiàn kěyǐ kàn de gèng qīngchu.
  더 잘 볼 수 있도록 우리는 앞줄에 앉아야 한다.

- 我们应该早点出发，以便能在开会前到达。
  Wǒmen yīnggāi zǎodiǎn chūfā, yǐbiàn néng zài kāihuì qián dàodá.
  회의 시작 전에 도착할 수 있도록 우리는 빨리 출발해야 한다.

③ 以此来 (이것)으로

이것을 기반으로 하거나 이것을 통해 어떤 일을 하거나 또는 어떤 목적을 달성함을 나타낸다.

- 他以此来证明了自己的观点是正确的。
  Tā yǐ cǐ lái zhèngmíngle zìjǐ de guāndiǎn shì zhèngquè de.
  그는 이를 통해 자신의 관점이 정확하다는 것을 증명했다.

- 我们要以此来鼓励自己不断前进。
  Wǒmen yào yǐ cǐ lái gǔlì zìjǐ búduàn qiánjìn.
  우리는 이를 통해 스스로 끊임없이 앞으로 나아가도록 격려해야 한다.

◆ 유의어 비교

从而 따라서, 그리하여	进而 더 나아가, 진일보하여
앞뒤 문장이 인과 관계임을 강조하는 데 중점을 둔다. 앞 문장은 원인, 조건을 가리키고 뒤 문장은 '从而'로 결과와 목적을 이끌어 내며 앞뒤 문장의 주어는 일반적으로 동일하다.	앞뒤 문장이 점층 관계임을 강조하는 데 중점을 둔다. 기존에서 한층 더 발전되었음을 나타내며 일반적으로 점층 관계가 있는 두 가지 동작과 상황을 연결하는 데 사용한다.
学校开展了各种各样的课外活动，从而扩大了同学们的知识面。 Xuéxiào kāizhǎnle gèzhǒng gèyàng de kèwài huódòng, cóng'ér kuòdàle tóngxuémen de zhīshímiàn. 학교는 다양한 과외 활동을 전개함으로써 학생들의 지식을 넓혀주었다. (활동을 전개함으로써 지식을 넓힘, 앞뒤 문장은 인과 관계)	我们需要更深入地了解当地文化，进而更好地适应当地环境。 Wǒmen xūyào gèng shēnrù de liǎojiě dāngdì wénhuà, jìn'ér gèng hǎo de shìyìng dāngdì huánjìng. 우리는 현지 문화를 더 깊이 이해하고, 나아가 현지 환경에 더 잘 적응할 필요가 있다. (문화를 이해해야 할 뿐만 아니라 환경에도 적응해야 함, 앞뒤 문장은 점층 관계)

◆ 고정 짝꿍

增加……风险 ~위험을 증가시키다	随着现代化生活方式的普及，人们面临越来越多增加患病风险的因素。 Suízhe xiàndàihuà shēnghuó fāngshì de pǔjí, rénmen miànlín yuèláiyuè duō zēngjiā huànbìng fēngxiǎn de yīnsù. 현대화 생활 방식이 보편화됨에 따라 사람들은 점점 더 많은 질병에 걸릴 위험을 증가시키는 요인에 직면해 있다.
受到……影响 ~영향을 받다	受到外界环境的负面影响，人的情绪、心态等方面都会发生改变。 Shòudào wàijiè huánjìng de fùmiàn yǐngxiǎng, rén de qíngxù、xīntài děng fāngmiàn dōu huì fāshēng gǎibiàn. 외부 환경의 부정적인 영향을 받으면 사람의 정서, 마음가짐 등이 모두 변할 수 있다.
给……敲响了警钟 ~에게 경종을 울리다	这篇文章的内容给消费者敲响了警钟。 Zhè piān wénzhāng de nèiróng gěi xiāofèizhě qiāoxiǎngle jǐngzhōng. 이 글의 내용은 소비자들에게 경종을 울렸다.
加强对……监测 ~에 대한 모니터링을 강화하다	政府应该加强对食品安全的监测。 Zhèngfǔ yīnggāi jiāqiáng duì shípǐn ānquán de jiāncè. 정부는 마땅히 식품 안전에 대한 모니터링을 강화해야 한다.
掌握……方法 ~방법을 습득하다	如何掌握正确的学习方法，对学生来说，真的很重要。 Rúhé zhǎngwò zhèngquè de xuéxí fāngfǎ, duì xuéshēng láishuō, zhēnde hěn zhòngyào. 어떻게 올바른 학습 방법을 습득할 것인가는 학생들에게 있어 매우 중요하다.

문제 만나기

1 본문 내용에 따라 옳고 그름을 판단하세요.

❶ 气候变化会通过一系列途径为人类健康提供帮助。　　　　　(　)

❷ 全球气候变暖引起的降雨和温度变化，会影响病毒滋生的速度。(　)

❸ 流感的发生不受寒冷和干燥气候条件的影响。　　　　　　　(　)

❹ 我们应该加强对极端天气的监测，以便可以采取有效的预防措施。
　　　　　　　　　　　　　　　　　　　　　　　　　　　　(　)

2 밑줄 친 부분과 비슷한 의미를 가진 보기를 고르세요.

❶ 工业革命以来，人类活动的**日益广泛**，造成全球气候变化。

　　A 范围扩大　　　　　　　B 速度加快
　　C 逐渐简化　　　　　　　D 非常重要

❷ 全球气候变暖引起的温度变化，会影响病毒滋生的速度，从而引起传染病的**爆发**与流行。

　　A 引起关注　　　　　　　B 快速传播
　　C 突然大规模发生　　　　D 暂时性出现

❸ 气候变化引起的新冠肺炎疫情给人类社会**敲响了警钟**。

　　A 提出警告　　　　　　　B 制造麻烦
　　C 提供机会　　　　　　　D 带来条件

❹ 我们应该加强对极端天气的监测，**以便**采取有效的预防措施。

　　A 因此　　　　　　　　　B 为了
　　C 由于　　　　　　　　　D 进而

3 '应该……，以便'을 사용하여 두 문장을 한 문장으로 만드세요.

❶ A) 学校在马拉松赛道旁设立饮水点，B) 选手们及时补充水分。

➡ _____

❷ A) 按颜色把玩具分类，B) 下次快速找到自己想要的。

➡ _____

4 다음 문장을 바르게 고쳐 보세요.

❶ 他的工作效率非常高，进而能够在短时间内完成任务。

➡ _____

❷ 他在学习上取得了很大的进步，从而在事业上也获得了不小的成就。

➡ _____

5 본문 내용을 바탕으로 질문에 답해 보세요.

❶ 极端天气可以通过什么手段为各种病毒提供与人类之间的感染路径？

➡ _____

❷ 多数研究证据显示，流感的发生受到了什么气候条件的影响？

➡ _____

❸ 让公众了解极端天气和传染病爆发的危害，掌握正确的预防和应对方法的目的是什么？

➡ _____

내 글씨로 독해 즐기기

- 본문 속 문장들을 필사해 보세요.

[본문 1]

工业革命以来, 人类活动的日益广泛, 造成全球气候变化。

[본문 2]

气候变化引起的新冠肺炎疫情给人类社会敲响了警钟。

10과

"跨代共居"的养老模式

새로운 노인 요양 방식
'세대 간 공동거주'

"跨代共居"的养老模式
"Kuàdài gòngjū" de yǎnglǎo móshì

在浙江缙云，一种"跨代共居"的养老模式引起了广泛
Zài Zhèjiāng Jìnyún, yì zhǒng "Kuàdài gòngjū" de yǎnglǎo móshì yǐnqǐle guǎngfàn

关注，一批00后❶住进了养老院。在这种模式下，年轻人
guānzhù, yìpī línglíng hòu zhùjìnle yǎnglǎoyuàn. Zài zhè zhǒng móshì xià, niánqīngrén

居住在养老院中每月房租1000元，如果每月完成
jūzhù zài yǎnglǎoyuàn zhōng měi yuè fángzū yìqiān yuán, rúguǒ měi yuè wánchéng

10个小时的志愿服务，就减免租金200元，每月完成
shí ge xiǎoshí de zhìyuàn fúwù, jiù jiǎnmiǎn zūjīn liǎngbǎi yuán, měi yuè wánchéng

20个小时的志愿服务就减免租金500元，30个小时则
èrshí ge xiǎoshí de zhìyuàn fúwù jiù jiǎnmiǎn zūjīn wǔbǎi yuán, sānshí ge xiǎoshí zé

房租全免。
fángzū quánmiǎn.

传统的养老方式是许多老人选择进入养老院，寻求
Chuántǒng de yǎnglǎo fāngshì shì xǔduō lǎorén xuǎnzé jìnrù yǎnglǎoyuàn, xúnqiú

 새단어

跨代共居 kuàdài gòngjū 세대 간 공동 거주 ◆ **养老** yǎnglǎo 여생을 보내다, 노인 요양, 양로(하다) ◆ **模式** móshì 유형, 모델, 방식, 모식 ◆ **浙江** Zhèjiāng 저장성 ◆ **缙云** Jìnyún 진원현 ◆ **一批** yìpī 한 무리, 한패 ◆ **养老院** yǎnglǎoyuàn 양로원, 실버타운 ◆ **房租** fángzū 집세, 숙박료 ◆ **志愿** zhìyuàn 지원(하다), 자원(하다), 희망(하다) ◆ **志愿服务** zhìyuàn fúwù 지원 복무, 자원봉사 활동 ◆ **减免** jiǎnmiǎn 감면하다 ◆ **租金** zūjīn 임대료, 차임 ◆ **全免** quánmiǎn 전액 면제

照护，然而，孤独依旧是许多老人心中的感受。这种养老方式是与时代脱轨的。而缙云的"跨代共居"这种养老模式的实施，不只是一种新型的养老服务尝试，也是一种社会责任和人文关怀的体现。在这里，年轻人的服务内容并不

- **照护** zhàohù 돌보다, 보살펴 주다
- **孤独** gūdú 고독하다
- **依旧** yījiù 여전하다, 여전히, 그대로
- **脱轨** tuōguǐ 탈선하다, 벗어나다
- **实施** shíshī 실시(하다), 시행(하다)
- **尝试** chángshì 시험(해 보다), 시행(해 보다)
- **责任** zérèn 책임
- **人文关怀** rénwén guānhuái 인간적 관심과 배려, 인문정신

固定，形式多样，可以是陪老人阅读，下棋，也可以是教授老人使用手机等现代科技产品。这样的互动，能够帮助老人跟上时代的步伐，感受到社会的温暖和关爱。

缙云的"跨代共居"这种模式让我们看到了一种新的社会发展趋势，那就是：在未来，养老不是一个孤立的问题了，而是一个涉及多方面、多层次的社会问题。"跨代共居"的养老模式能够让不同年龄段的人相互学习，相互影响。这是对老年生活的一种新的探索，也是对年轻人的责任感和社会参与度的一种肯定。但"跨代共居"目前仍旧处于❷探索阶段❷，还有很多地方需要完善。总的来说，

固定 gùdìng 고정된, 일정(불변)한 ◆ 形式 xíngshì 형식, 형태 ◆ 多样 duōyàng 다양(하다) ◆ 下棋 xiàqí 장기를 두다, 바둑을 두다 ◆ 教授 jiāoshòu 교수하다, 전수하다 ◆ 跟上 gēnshang 뒤따르다, 따라붙다 ◆ 步伐 bùfá 발걸음, 보조 ◆ 温暖 wēnnuǎn 따뜻하다, 따스하다 ◆ 趋势 qūshì 추세, 경향 ◆ 孤立 gūlì 고립되어 있다, 고립하다, 고립시키다 ◆ 层次 céngcì 순서, 단계, 차원 ◆ 年龄段 niánlíngduàn 연령대, 연령기 ◆ 责任感 zérèngǎn 책임감 ◆ 参与度 cānyùdù 참여도 ◆ 肯定 kěndìng 긍정하다, 인정하다, 긍정적이다 ◆ 仍旧 réngjiù 여전히, 변함없이 ◆ 处于 chǔyú (어떤 지위나 상태에) 처하다 ◆ 阶段 jiēduàn 단계

"跨代共居"将❸养老服务与❸社会公益相结合❸，是对社会养老
"Kuàdài gòngjū" jiāng yǎnglǎo fúwù yǔ shèhuì gōngyì xiāng jiéhé, shì duì shèhuì yǎnglǎo

服务体系的有益补充。
fúwù tǐxì de yǒuyì bǔchōng.

😊 확인하기

1. 과거의 노인 요양 방식의 단점은 무엇인가요?
   - ❶ 与时代脱轨
   - ❷ 费用很昂贵
   - ❸ 环境不和谐
   - ❹ 易产生矛盾

2. 요양원에서 젊은이들과 노인들의 상호 교류는 노인들에게 무엇을 느끼게 하나요?
   - ❶ 年龄的魅力
   - ❷ 朋友的友谊
   - ❸ 自己的进步
   - ❹ 社会的关爱

3. '세대 간 공동 거주'의 노인 요양 방식은 서로 다른 연령대의 사람들에게 어떤 변화를 가져왔나요?
   - ❶ 互相忍让
   - ❷ 出现矛盾
   - ❸ 产生代沟
   - ❹ 相互影响

4. 현재 '세대 간 공동 거주'는 아직 어떤 단계에 처해 있나요?
   - ❶ 初步
   - ❷ 探索
   - ❸ 研究
   - ❹ 成熟

公益 gōngyì 공익 ◆ **结合** jiéhé 결합(하다), 결부(하다) ◆ **体系** tǐxì 체계, 체제, 시스템 ◆ **补充** bǔchōng 보충(하다), 보완하다 ◆ **昂贵** ángguì 물건 값이 비싸다 ◆ **易** yì 쉽다, 용이하다 ◆ **矛盾** máodùn 모순(되다) ◆ **忍让** rěnràng 참고 양보하다, 양보, 인내 ◆ **代沟** dàigōu 세대차 ◆ **初步** chūbù 시작 단계의 초보적이다 ◆ **成熟** chéngshú 성숙하다, 적당한 시기에 이르다

어법 만나기

❶ 00后 링링허우, 00년대생

링링허우는 00년대생이라고도 부르며 2000년 1월 1일~2009년 12월 31일에 태어난 사람들을 말한다. 이러한 표현 방법은 '80后, 90后' 등으로 쓰이기도 한다.

- **00后**是属于数字时代的孩子，电子产品成为他们生活中的一部分。
  Línglíng hòu shì shǔyú shùzì shídài de háizi, diànzǐ chǎnpǐn chéngwéi tāmen shēnghuó zhōng de yíbùfen.
  링링허우는 디지털 시대에 태어난 아이들이고 전자제품은 그들 삶의 일부분이 되었다.

- **80后**的朋友们，小时候玩的那些游戏，是否依旧记得？
  Bālíng hòu de péngyoumen, xiǎoshíhou wán de nàxiē yóuxì, shìfǒu yījiù jìdé?
  빠링허우(80년대 생) 친구들아, 어릴적에 놀던 게임들 여전히 기억하고 있겠지?

❷ 处于……阶段 ~단계에 처해 있다

'处于'는 동사로, 사물이 처해 있는 상태나 위치를 나타낸다. 일반적으로 '阶段' 앞에는 '青春, 初步, 研究, 成熟, 发展, 适应, 完善' 등이 쓰인다.

- 这款产品的发展经历了多个阶段，目前正**处于**不断完善的**阶段**。
  Zhè kuǎn chǎnpǐn de fāzhǎn jīnglìle duō ge jiēduàn, mùqián zhèng chǔyú búduàn wánshàn de jiēduàn.
  이 제품의 발전은 여러 단계를 거쳤고 현재는 지속적인 보완 단계에 처해 있다.

- 即使在芬兰，移动商务也**处于**发展**阶段**。
  Jíshǐ zài Fēnlán, yídòng shāngwù yě chǔyú fāzhǎn jiēduàn.
  핀란드에서도 모바일 상거래는 발전 단계에 처해 있다.

❸ 将/把A与/和B相结合 A와 B를 서로 결합하다

'结合'는 2개 또는 여러 개의 사물을 한데 연결하여 하나의 총체를 형성하는 것을 말한다. 즉, A와 B를 합쳐서 하나의 새롭고 통일된 사물을 형성하는 것을 말한다.

- **将**古老的民族文化**与**现代旅游**相结合**，创造出一道独特的景观。
  Jiāng gǔlǎo de mínzú wénhuà yǔ xiàndài lǚyóu xiāngjiéhé, chuàngzào chū yí dào dútè de jǐngguān.
  오래된 민족 문화와 현대 관광을 결합하여 독특한 경관을 만들어 냈다.

- 我们应该**把**理论**和**实践**相结合**，寻找适合自己的学习方法。
  Wǒmen yīnggāi bǎ lǐlùn hé shíjiàn xiāngjiéhé, xúnzhǎo shìhé zìjǐ de xuéxí fāngfǎ.
  우리는 이론과 실천을 결합하여 자신에게 맞는 학습 방법을 찾아야 한다.

◆ 유의어 비교

依旧 여전하다, 여전히	仍旧 변함없이, 아직
'依旧'는 부사이자 형용사로, 예전과 같음을 나타내며 사물이 원래의 모습 그대로 변함없이 유지되고 있음을 말한다.	부사로, 예전 그대로의 의미를 가지고 있으며 전환 관계를 나타내는 문장의 뒤 부분에 주로 사용된다. '仍旧' 앞에는 주로 '但, 但是, 可' 등이 함께 쓰인다.
湖边的景色依旧，而住在旁边的人却搬到了别的地方。	她的生活中有很多不幸，可是她仍旧很乐观。
Húbiān de jǐngsè yījiù, ér zhùzài pángbiān de rén què bāndàole bié de dìfang.	Tā de shēnghuó zhōng yǒu hěn duō búxìng, kěshì tā réngjiù hěn lèguān.
호숫가의 경치는 여전하지만 옆에 살던 사람은 다른 곳으로 이사갔다. (이 문장에서 '依旧'는 형용사로 '和以前一样(예전과 같다)'와 같은 뜻을 가지고 있음)	그녀의 삶에는 많은 불행이 있었지만 그녀는 여전히 낙관적이다. (이 문장에서 '仍旧'는 부사로, 형용사 '乐观(낙관적이다)' 앞에 쓰여 '乐观'을 수식함)

◆ 고정 짝꿍

引起……关注 ~관심을 받고 있다	教育事业的发展在全社会引起了广泛关注。 Jiàoyù shìyè de fāzhǎn zài quán shèhuì yǐnqǐle guǎngfàn guānzhù. 교육 사업의 발전은 사회 전체에서 큰 관심을 받고 있다.
……与……脱轨 ~가 ~에서 벗어나다	我感到自己与现实生活脱轨，无法进入到这个社会，也找不到自己的位置。 Wǒ gǎndào zìjǐ yǔ xiànshí shēnghuó tuōguǐ, wúfǎ jìnrù dào zhège shèhuì, yě zhǎobudào zìjǐ de wèizhì. 나는 자신이 현실 생활에서 벗어나 이 사회에 융합될 수도 없고 자신의 위치도 찾을 수 없음을 느꼈다.
跟上时代的步伐 시대의 흐름을 따라가다	时代在变化，社会也在发展，我们要跟上时代的步伐，否则，我们就会与社会脱轨。 Shídài zài biànhuà, shèhuì yě zài fāzhǎn, wǒmen yào gēnshang shídài de bùfá, fǒuzé, wǒmen jiù huì yǔ shèhuì tuōguǐ. 시대가 변하고 있고 사회도 발전하고 있기에 우리는 시대의 흐름을 따라가야 한다. 그렇지 않으면 우리는 사회에서 뒤처질 것이다.
感受……的关爱 ~의 사랑을 느끼다	我们生活中的每一天，都会感受到别人的关爱。 Wǒmen shēnghuó zhōng de měi yì tiān, dōu huì gǎnshòu dào biérén de guān'ài. 우리는 삶에서 매일 다른 사람들의 사랑을 느낄 수 있다.
发展趋势 발전 추세	个性化定制正在成为消费方式的发展趋势。 Gèxìnghuà dìngzhì zhèngzài chéngwéi xiāofèi fāngshì de fāzhǎn qūshì. 커스터마이징(개별화 맞춤 제작)은 바야흐로 소비 방식의 발전 추세가 되고 있다.

문제 만나기

1 본문 내용에 따라 옳고 그름을 판단하세요.

① 传统的养老方式是许多老人选择进入养老院，寻求照护。　　　（　）

② "跨代共居"的养老模式是指一批00后住进了养老院。　　　（　）

③ "跨代共居"这种养老模式的实施，可以说是一种社会文明和社会关怀的体现。　　　（　）

④ "跨代共居"目前仍旧处于探索阶段。　　　（　）

2 밑줄 친 부분과 비슷한 의미를 가진 보기를 고르세요.

① 每月完成20个小时的志愿服务就减免租金500元，30小时则**房租全免**。

　A 必须交房租　　　　　B 不用交房租
　C 重新商议房租　　　　D 要进行志愿服务

② 老人和年轻人之间的互动，能够帮助老人**跟上时代的步伐**，感受到社会的温暖和关爱。

　A 理解社会　　　　　　B 了解文化
　C 与时俱进　　　　　　D 日益进步

③ 缙云的"跨代共居"这种模式让我们看到了一种新的社会**发展趋势**。

　A 科学进步　　　　　　B 发展方向
　C 经济发达　　　　　　D 发展节奏

④ "跨代共居"目前仍旧处于探索阶段，还有很多地方需要**完善**。

　A 发展　　　　　　　　B 采取
　C 结合　　　　　　　　D 改进

3 '将/把……与/和……相结合'를 사용하여 문장을 만들어 보세요.

① A) 学习知识的时候, B) 理论和实践, C) 这样我们才能真正理解知识。

→ _____

② A) 这部电影成功的原因是 B) 幽默的情节和深刻的人生道理, C) 所以很受观众喜爱。

→ _____

4 다음 문장을 바르게 고쳐 보세요.

① 他解释了半天, 但是我依旧没听懂。

→ _____

② 十年过去了, 这条街仍旧那么热闹。

→ _____

5 본문 내용을 바탕으로 질문에 답해 보세요.

① 缙云的"跨代共居"的养老模式的实施, 不只是一种新型的养老服务尝试, 还体现了什么?

→ _____

② 在缙云养老院, 年轻人的服务内容都有什么?

→ _____

③ "跨代共居"目前仍旧处于探索阶段, 但还需要做什么?

→ _____

내 글씨로 독해 즐기기

■ 본문 속 문장들을 필사해 보세요.

[본문 1]

　　在浙江缙云，一种"跨代共居"的养老模式引起了广泛关注。

[본문 2]

　　"跨代共居"的养老模式能够让不同年龄段的人相互学习，相互影响。

11 과

AI复原，是一种暖心的技术

마음이 따뜻해지는 기술, AI 복원

AI复原，是一种暖心的技术
AI fùyuán, shì yì zhǒng nuǎnxīn de jìshù

在科技与人类情感交织的世界中，我们时常面临着
Zài kējì yǔ rénlèi qínggǎn jiāozhī de shìjiè zhōng, wǒmen shícháng miànlínzhe

生死离别的痛苦。AI技术的发展，为我们提供了一种超越
shēngsǐ líbié de tòngkǔ. AI jìshù de fāzhǎn, wèi wǒmen tígōngle yì zhǒng chāoyuè

现实界限的可能。其中，一项名为"AI亲人复活技术"的
xiànshí jièxiàn de kěnéng. Qízhōng, yí xiàng míngwéi "AI qīnrén fùhuó jìshù" de

创新突破，以其❶独特的魅力，温暖了无数人的心灵，这项
chuàngxīn tūpò, yǐ qí dútè de mèilì, wēnnuǎnle wúshù rén de xīnlíng, zhè xiàng

技术是旨在❷让逝去的亲人重新回到生活中的一项
jìshù shì zhǐzài ràng shìqù de qīnrén chóngxīn huídào shēnghuó zhōng de yí xiàng

创新技术。
chuàngxīn jìshù.

"AI亲人复活技术"通过采集亲人的生前数据，包括照片、
"AI qīnrén fùhuó jìshù" tōngguò cǎijí qīnrén de shēngqián shùjù, bāokuò zhàopiàn、

复原 fùyuán 복원(하다), 회복(하다) ◆ **暖心** nuǎnxīn 몸을 녹이다, 마음을 녹이다 ◆ **交织** jiāozhī 엇갈리다, 뒤엉키다, 교차하다 ◆ **面临** miànlín 직면하다, 당면하다 ◆ **生死离别** shēngsǐ líbié 생이별 ◆ **痛苦** tòngkǔ 고통, 아픔, 고통스럽다, 괴롭다 ◆ **超越** chāoyuè 뛰어넘다, 넘어서다, 초월하다 ◆ **界限** jièxiàn 한계, 경계, 끝 ◆ **项** xiàng 가지, 항 ◆ **名为** míngwéi 이름하여, 이른바 ◆ **亲人** qīnrén 직계 친속 또는 배우자, 가까운 친척 ◆ **复活** fùhuó 부활(하다), 소생(하다) ◆ **突破** tūpò 돌파하다, 타파하다 ◆ **独特** dútè 독특하다, 특수하다 ◆ **无数** wúshù 무수하다, 매우 많다 ◆ **心灵** xīnlíng 영혼, 마음, 심령 ◆ **旨在** zhǐzài ~를 목적으로 하다, 목적은 ~에 있다 ◆ **逝去** shìqù 돌아가시다, 서거하다 ◆ **采集** cǎijí 채집(하다), 수집(하다) ◆ **生前** shēngqián 생전, 살아 있는 동안

视频、语音等，利用深度学习和图像渲染技术，生成与去世
shìpín、yǔyīn děng, lìyòng shēndù xuéxí hé túxiàng xuànrǎn jìshù, shēngchéng yǔ qùshì

亲人高度相似的三维模型。在此基础上，进一步结合生物科技，
qīnrén gāodù xiāngsì de sānwéi móxíng. Zài cǐ jīchǔ shàng, jìnyíbù jiéhé shēngwù kējì,

使得这个模型在一定程度上具备与真人相似的动作和
shǐde zhège móxíng zài yídìng chéngdù shàng jùbèi yǔ zhēnrén xiāngsì de dòngzuò hé

表情。
biǎoqíng.

　　这项技术为许多家庭带来了希望。想象一下，一个孤独的
　　Zhè xiàng jìshù wèi xǔduō jiātíng dàiláile xīwàng. Xiǎngxiàng yíxià, yí ge gūdú de

视频 shìpín 동영상 ◆ 语音 yǔyīn 음성 ◆ 深度学习 shēndù xuéxí 딥러닝(deep learning) ◆ 图像渲染技术 túxiàng xuànrǎn jìshù 이미지 렌더링(rendering) 기술 ◆ 生成 shēngchéng 생성되다, 생기다 ◆ 去世 qùshì 세상을 떠나다, 사망하다 ◆ 相似 xiāngsì 닮다, 비슷하다 ◆ 三维模型 sānwéi móxíng 3차원 모델, 3D 모델 ◆ 生物科技 shēngwù kējì 바이오테크, 생물 과학기술, 생명공학 ◆ 真人 zhēnrén 실재의 인물, 실물 ◆ 动作 dòngzuò 동작, 행동, 움직이다

老人，通过AI技术见到了已经逝去多年的亲人，他们的笑容、
lǎorén, tōngguò AI jìshù jiàndàole yǐjīng shìqù duōnián de qīnrén, tāmen de xiàoróng、

动作，甚至是声音，都仿佛❸重现眼前。这种奇妙的
dòngzuò, shènzhì shì shēngyīn, dōu fǎngfú chóngxiàn yǎnqián. Zhè zhǒng qímiào de

体验，能让老人感受到前所未有的温暖和安慰。不仅如此，
tǐyàn, néng ràng lǎorén gǎnshòu dào qián suǒ wèi yǒu de wēnnuǎn hé ānwèi. Bùjǐn rúcǐ,

对于因意外失去父母的儿童而言，这项技术也带来了心灵的慰藉。
duìyú yīn yìwài shīqù fùmǔ de értóng éryán, zhè xiàng jìshù yě dàiláile xīnlíng de wèijiè.

孩子们可以与"复活"的父母互动，感受到父母的关爱，减轻
Háizimen kěyǐ yǔ "Fùhuó" de fùmǔ hùdòng, gǎnshòu dào fùmǔ de guān'ài, jiǎnqīng

他们的悲痛。
tāmen de bēitòng.

"AI亲人复活技术"不仅是一项技术革新，更是一种情感的
"AI qīnrén fùhuó jìshù" bùjǐn shì yí xiàng jìshù géxīn, gèng shì yì zhǒng qínggǎn de

传递。它让我们在失去亲人的痛苦中，找到了一丝安慰和
chuándì. Tā ràng wǒmen zài shīqù qīnrén de tòngkǔ zhōng, zhǎodàole yìsī ānwèi hé

希望。通过这项技术，我们可以再次感受到亲人的关爱，
xīwàng. Tōngguò zhè xiàng jìshù, wǒmen kěyǐ zàicì gǎnshòu dào qīnrén de guān'ài,

重温那些美好的时光。让我们一起期待这项技术的发展，
chóngwēn nàxiē měihǎo de shíguāng. Ràng wǒmen yìqǐ qīdài zhè xiàng jìshù de fāzhǎn,

---

笑容 xiàoróng 웃는 얼굴(표정), 웃음 띤 얼굴(표정) ◆ 仿佛 fǎngfú 마치 ~인 듯하다 ◆ 重现 chóngxiàn 다시 나타나다, 재현하다 ◆ 奇妙 qímiào 기묘하다, 신기하다 ◆ 前所未有 qián suǒ wèi yǒu 유례없다, 전에 없다 ◆ 安慰 ānwèi 위로하다, 위안(하다) ◆ 不仅如此 bùjǐn rúcǐ 그뿐만 아니라 ◆ 意外 yìwài 의외이다, 뜻밖이다, 예상 밖이다 ◆ 慰藉 wèijiè 위안(하다), 위로(하다), 안심(시키다) ◆ 悲痛 bēitòng 비통(하다), 슬프다, 슬픔 ◆ 革新 géxīn 혁신(하다) ◆ 一丝 yìsī 한 가닥, 아주 조금 ◆ 重温 chóngwēn 기억을 되살리다, 회상하다 ◆ 时光 shíguāng 시간, 때, 시절 ◆ 期待 qīdài 기대(하다)

为无数深陷绝望的灵魂带来新的光明，让逝去的人
wèi wúshù shēnxiàn juéwàng de línghún dàilái xīn de guāngmíng, ràng shìqù de rén

以另一种形式继续陪伴我们，重燃生活的希望。
yǐ lìng yì zhǒng xíngshì jìxù péibàn wǒmen, chóngrán shēnghuó de xīwàng.

😊 확인하기

1. AI 기술의 발전은 우리에게 어떤 가능성을 보여주었나요?
   - ① 治愈疑难杂症
   - ② 技术加速发展
   - ③ 重新回到过去
   - ④ 超越现实界限

2. 고인이 된 가족의 모습과 최대한 가까운 3D 모델은 어떻게 생성되나요?
   - ① 采集生前数据
   - ② 利用先进技术
   - ③ 参考亲人基因
   - ④ 通过美术原理

3. 고인의 생전 데이터에 포함되지 않는 것은 무엇일까요?
   - ① 视频
   - ② 信件
   - ③ 语音
   - ④ 照片

4. 디지털 부활은 사람들이 사랑하는 가족을 잃은 슬픔 속에서 무엇을 찾을 수 있게 했나요?
   - ① 失落和伤心
   - ② 依靠和勇敢
   - ③ 安慰和希望
   - ④ 轻松和幸福

深陷 shēnxiàn 깊이 빠지다, 깊이 빠져들다 ◆ **绝望** juéwàng 절망(하다) ◆ **灵魂** línghún 마음, 정신, 영혼 ◆ **光明** guāngmíng 광명, 빛 ◆ **重燃** chóngrán 다시 살리다 ◆ **治愈** zhìyù 치유하다 ◆ **疑难杂症** yínán zázhèng 난치병 ◆ **基因** jīyīn 유전자 ◆ **信件** xìnjiàn 우편물 ◆ **依靠** yīkào 의지하다 기대다 ◆ **勇敢** yǒnggǎn 용감하다

어법 만나기

① 以其 ~으로

'以其'에서 '以'는 원인, 목적, 조건을 나타내며 '因为, 用, 拿, 凭借, 按照'와 의미가 비슷하다. 그리고 '其'는 '那, 他/她/它'의 의미를 나타낸다. 때문에 '以其'의 뜻을 알맞게 선택하려면 문맥 전체를 봐야 한다.

- 那个城市**以其**独特的文化和风景吸引了大批游客。
  Nàge chéngshì yǐqí dútè de wénhuà hé fēngjǐng xīyǐnle dàpī yóukè.
  그 도시는 자신만의 독특한 문화와 풍경으로 많은 관광객들을 끌어들였다.

- 学生们**以其**不断的努力，终于取得了优异的成绩。
  Xuéshēngmen yǐqí búduàn de nǔlì, zhōngyú qǔdéle yōuyì de chéngjì.
  학생들은 자신들의 끊임없는 노력으로 마침내 우수한 성적을 거두었다.

② 旨在 ~를 목적으로 하다

'어떤 목적을 달성하기 위해, 목적은 ~에 있다'라는 의미를 가지고 있다. 어떤 일이 어떤 특정적인 목표나 결과에 도달하기 위해 진행됨을 강조한다.

- 周末的时候，爸爸带我去爬山，**旨在**让我锻炼毅力。
  Zhōumò de shíhou, bàba dài wǒ qù páshān, zhǐzài ràng wǒ duànliàn yìlì.
  주말에 아빠는 나를 데리고 등산을 하는데 이는 나의 끈기를 단련하기 위함이다.

- 这次会议**旨在**解决当前的问题，并在讨论中找到合适的解决方案。
  Zhècì huìyì zhǐzài jiějué dāngqián de wèntí, bìng zài tǎolùn zhōng zhǎodào héshì de jiějué fāng'àn.
  이번 회의는 현재의 문제를 해결하고 토론을 통해 적절한 해결책을 찾기 위함이다.

③ 仿佛 마치 ~인 듯하다, 비슷하다

부사로, 확실치 않은 느낌과 판단을 나타내며 '似乎, 好像'과 용법이 비슷하다. 또, 두 사람 또는 두 가지 사물이 서로 비슷하거나 닮았음을 나타낸다. '一样, 似的'와 함께 사용할 수 있다.

- 这个人我**仿佛**在哪儿见过。 이 사람 나 어디서 본 것 같아.
  Zhège rén wǒ fǎngfú zài nǎr jiànguo.

- 今年的冬天非常暖和，**仿佛**秋天一样。
  Jīnnián de dōngtiān fēicháng nuǎnhuo, fǎngfú qiūtiān yíyàng.
  올해 겨울은 매우 따뜻해서 마치 가을 같다.

◆ 유의어 비교

痛苦 고통, 아픔, 고통스럽다, 괴롭다	悲痛 비통(하다)
일반적으로 신체 또는 정신적 아픔이나 불편함을 말하며 일종의 생리적 또는 정신적 고문을 가리킨다.	일종의 정서적 고통으로, 개인이 상실, 실패, 좌절 등 불쾌한 일을 겪었을 때 생기는 정서적 반응이다.
身体上的痛苦是可以告诉别人的，但是精神上的痛苦只能独自面对。	听到父亲去世的这个坏消息，他忍住了悲痛，继续工作。
Shēntǐ shàng de tòngkǔ shì kěyǐ gàosu biérén de, dànshì jīngshén shàng de tòngkǔ zhǐnéng dúzì miànduì.	Tīngdào fùqīn qùshì de zhège huài xiāoxi, tā rěnzhùle bēitòng, jìxù gōngzuò.
신체적 아픔은 다른 사람에게 말할 수 있지만 정신적 고통은 혼자 직면할 수 밖에 없다.	아버지가 돌아가셨다는 안 좋은 소식을 들었지만 그는 슬픔을 참으며 일을 계속했다.
(신체 또는 정신적 아픔)	(가족을 잃은 것은 정서적 고통에 속함)

◆ 고정 짝꿍

……与……交织 ~와 ~가 얽혀 있다	时空的交换，让此时的痛苦，与将来的喜悦交织在一起。 Shíkōng de jiāohuàn, ràng cǐshí de tòngkǔ, yǔ jiānglái de xǐyuè jiāozhī zài yìqǐ. 시공간의 교환은 현 시간의 고통과 미래의 기쁨이 뒤얽히게 한다.
面临……痛苦 ~고통에 직면하다	当面临痛苦时，不要压抑自己的痛苦！学会先释放自己的情绪。 Dāng miànlín tòngkǔ shí, búyào yāyì zìjǐ de tòngkǔ! Xuéhuì xiān shìfàng zìjǐ de qíngxù. 고통에 직면했을 때, 자신의 고통을 억누르지 마라! 먼저 자신의 감정을 풀어내는 법을 배워라.
超越……界限 ~경계를 초월하다	远程教育超越了传统教育的界限。 Yuǎnchéng jiàoyù chāoyuèle chuántǒng jiàoyù de jièxiàn. 원격 교육은 전통 교육의 경계를 초월했다.
温暖……心灵 마음을 따뜻하게 하다	她淡淡的微笑温暖了我的痛苦的心灵。 Tā dàndàn de wēixiào wēnnuǎnle wǒ de tòngkǔ de xīnlíng. 그녀의 옅은 미소는 나의 아픈 마음을 따뜻하게 해주었다.
采集……数据 ~데이터를 수집하다	在现代社会，采集民意测验的数据的方法是多种多样的。 Zài xiàndài shèhuì, cǎijí mínyì cèyàn de shùjù de fāngfǎ shì duō zhǒng duō yàng de. 현대 사회에서 여론 조사 데이터를 수집하는 방법은 다양하다.
与……相似 ~와 유사하다	这首歌曲与那首歌曲相似，都是很浪漫的。 Zhè shǒu gēqǔ yǔ nà shǒu gēqǔ xiāngsì, dōu shì hěn làngmàn de. 이 노래와 저 노래는 비슷해. 모두 다 낭만적이야.

문제 만나기

1 본문 내용에 따라 옳고 그름을 판단하세요.

① AI技术的发展，为我们提供了一种超越现实界限的可能。　　（　）

② "AI亲人复活技术"需要采集亲人的生前数据，包括照片、视频、语音。
　　　　　　　　　　　　　　　　　　　　　　　　　　　　　　（　）

③ 对于因意外失去父母的儿童而言，"AI亲人复活技术"很难带来心灵的慰藉。　　　　　　　　　　　　　　　　　　　　　　　　　　（　）

④ "AI亲人复活技术"只是一项技术革新，不是一种情感的传递。（　）

2 밑줄 친 부분과 비슷한 의미를 가진 보기를 고르세요.

① 在科技与人类情感**交织**的世界中，我们时常面临着生死离别的痛苦。

　　A 促进　　　　B 融合　　　　C 发展　　　　D 进步

② 一项名为"AI亲人复活技术"**旨在**让逝去的亲人重新回到生活中的一项创新技术。

　　A 应该是　　　B 可能是　　　C 目的在于　　D 原因在于

③ "AI亲人复活技术"带来的奇妙的体验，让老人感受到了**前所未有**的温暖和安慰。

　　A 将来会有的　　　　　　B 以前有过的
　　C 从来没有过　　　　　　D 从过去到现在

④ 让逝去的人以另一种形式继续陪伴我们，**重燃**生活的希望。

　　A 再次燃烧　　　　　　　B 恢复以前
　　C 再次失去　　　　　　　D 重新获得

3. '旨在'가 들어갈 알맞은 자리를 골라 보세요.

① A 这个计划 B 减少 C 交通事故的 D 发生率。

② A 拍摄 B 恐怖片 C 引起观众 D 强烈的感官刺激。

③ 这次太空行走 A 检测 B 中国对 C 航天技术的 D 掌握情况。

4. 다음 문장을 바르게 고쳐 보세요.

① 听到他去世的消息，全家人都沉浸在深深的痛苦中。

→ _____

② 我去年发生了交通事故，我忘不了那场事故给我带来的身体上的悲痛。

→ _____

5. 본문 내용을 바탕으로 질문에 답해 보세요.

① 这项名为"AI亲人复活技术"的目的是什么？

→ _____

② "AI亲人复活技术"是通过什么手段生成与逝去亲人高度相似的三维模型？

→ _____

③ 通过"AI亲人复活技术"，我们可以再次感受到什么？

→ _____

내 글씨로 독해 즐기기

- 본문 속 문장들을 필사해 보세요.

[본문 1]

　　　AI技术的发展，为我们提供了一种超越现实界限的可能。

[본문 2]

　　　"AI亲人复活技术"不仅是一项技术革新，更是一种情感的传递。

12과

南方小土豆勇闯哈尔滨

남방의 작은 감자들이
용감하게 하얼빈에 뛰어들다

南方小土豆勇闯哈尔滨
Nánfāng xiǎotǔdòu yǒngchuǎng Hā'ěrbīn

"南方小土豆"，是一个网络热词，怕冷的南方游客来到
"Nánfāng xiǎotǔdòu", shì yí ge wǎngluò rècí, pà lěng de nánfāng yóukè láidào

东北，大多穿着厚厚的羽绒服，还有帽子、手套等各种
dōngběi, dàduō chuānzhe hòuhòu de yǔróngfú, háiyǒu màozi、shǒutào děng gèzhǒng

保暖装备，再加上相对❶北方人来说❶较矮的身高，
bǎonuǎn zhuāngbèi, zàijiāshang xiāngduì běifāng rén láishuō jiào ǎi de shēngāo,

使整个人看起来毛茸茸、圆滚滚的，当他们兴高采烈地
shǐ zhěng ge rén kànqǐlái máoróngróng、yuángǔngǔn de, dāng tāmen xìng gāo cǎi liè de

涌向❷北方哈尔滨市的冰雪世界时，并在里面蹦蹦跳跳，
yǒngxiàng běifāng Hā'ěrbīn Shì de bīngxuě shìjiè shí, bìng zài lǐmiàn bèngbèng tiàotiào,

玩得不亦乐乎，这一场景远远望去，像极了一锅土豆。之后，
wán de bú yì lè hū, zhè yī chǎngjǐng yuǎnyuǎn wàng qù, xiàngjíle yì guō tǔdòu. Zhīhòu,

东北人为了表达待客的热情，就用"南方小土豆"来称呼前来
dōngběi rén wèile biǎodá dàikè de rèqíng, jiù yòng "Nánfāng xiǎotǔdòu" lái chēnghu qiánlái

 새단어

小土豆 xiǎotǔdòu 작은 감자 ◆ **勇闯** yǒngchuǎng 용감하게 돌진하다 ◆ **哈尔滨** Hā'ěrbīn 하얼빈[헤이룽장 성의 성도] ◆ **热词** rècí 핫 키워드, 화제어 ◆ **羽绒服** yǔróngfú 다운재킷, 오리털 패딩 ◆ **手套** shǒutào 장갑 ◆ **保暖装备** bǎonuǎn zhuāngbèi 보온 장비 ◆ **身高** shēngāo 신장, 키 ◆ **毛茸茸** máoróngróng 털투성이, 털이 보송보송하다, 털이 더부룩하다 ◆ **圆滚滚** yuángǔngǔn 포동포동 살찐 모양, 둥글둥글, 동글동글 ◆ **兴高采烈** xìng gāo cǎi liè 매우 흥겹다, 매우 기쁘다, 신바람 나다 ◆ **涌向** yǒngxiàng ~에 쇄도하다, ~에 몰려들다 ◆ **蹦蹦跳跳** bèngbèng tiàotiào 활발하게 뛰는 모양, 깡충깡충 ◆ **不亦乐乎** bú yì lè hū 어찌 기쁘지 않겠는가, 즐겁다, 신나다 ◆ **锅** guō 냄비, 솥, 가마 ◆ **待客** dàikè 손님을 대접하다 ◆ **称呼** chēnghu 부르다, 일컫다

北方旅游的南方游客。这个称呼在网络上迅速走红。
běifāng lǚyóu de nánfāng yóukè. Zhège chēnghu zài wǎngluò shàng xùnsù zǒuhóng.

在东北人的眼中，南方人虽然身材娇小，但就像
Zài dōngběi rén de yǎnzhōng, nánfāng rén suīrán shēncái jiāoxiǎo, dàn jiù xiàng

小土豆一样营养丰富，味道鲜美。这个比喻充满了对南方
xiǎotǔdòu yíyàng yíngyǎng fēngfù, wèidào xiānměi. Zhège bǐyù chōngmǎnle duì nánfāng

人的赞美和喜爱，也体现了东北人的幽默和风趣。"南方小土豆"
rén de zànměi hé xǐ'ài, yě tǐxiànle dōngběi rén de yōumò hé fēngqù. "Nánfāng xiǎotǔdòu"

走红 zǒuhóng 인기가 오르다, 히트하다 ◆ 娇小 jiāoxiǎo 귀엽고 작다, 아기자기하다 ◆ 鲜美 xiānměi 맛이 대단히 좋다 ◆ 比喻 bǐyù 비유 ◆ 喜爱 xǐ'ài 좋아하다, 호감을 가지다

南方小土豆勇闯哈尔滨

这个称呼蕴含了东北人对南方人的深情厚谊，也表达了
zhège chēnghu yùnhánle dōngběi rén duì nánfāng rén de shēnqíng hòuyì, yě biǎodále

东北人对两地交流的期待和愿景。
dōngběi rén duì liǎngdì jiāoliú de qīdài hé yuànjǐng.

2023年末至2024年初，东北冰雪游人气"爆棚"。
Èr líng èr sān nián mò zhì èr líng èr sì nián chū, dōgběi bīngxuěyóu rénqì "Bàopéng".

某旅游平台大数据显示，哈尔滨的城市热度环比暴涨
Mǒu lǚyóu píngtái dàshùjù xiǎnshì, Hā'ěrbīn de chéngshì rèdù huánbǐ bàozhǎng

300%，成了2023年冬中国国内旅行目的地的
bǎifēnzhī sānbǎi, chéngle èr líng èr sān nián dōng Zhōngguó guónèi lǚxíng mùdìdì de

顶流。但也有观点认为，哈尔滨市**之所以**❸如此热烈地欢迎
dǐngliú. Dàn yě yǒu guāndiǎn rènwéi, Hā'ěrbīn Shì zhīsuǒyǐ rúcǐ rèliè de huānyíng

"南方小土豆"，**无非是**❸看中了他们的钱包。但不可否认的是，
"Nánfāng xiǎotǔdòu", wúfēi shì kànzhòngle tāmen de qiánbāo. Dàn bùkě fǒurèn de shì,

在现代社会，金钱是衡量一切的标尺，从家庭到友情，
zài xiàndài shèhuì, jīnqián shì héngliáng yíqiè de biāochǐ, cóng jiātíng dào yǒuqíng,

从亲情到陌生人，金钱是联系一切关系的纽带。对于
cóng qīnqíng dào mòshēngrén, jīnqián shì liánxì yíqiè guānxi de niǔdài. Duìyú

蕴含 yùnhán 내재되다, 깃들다, 담겨 있다 ◆ 深情厚谊 shēnqíng hòuyì 깊고 돈독한 정 ◆ 愿景 yuànjǐng 청사진, 꿈꾸는 미래, 전망, 비전 ◆ 人气 rénqì 인기 ◆ 爆棚 bàopéng 대만원이다, 일반인의 관심이 매우 높다 ◆ 旅游平台 lǚyóu píngtái 관광 플랫폼 ◆ 热度 rèdù 열의, 열기 ◆ 环比 huánbǐ 지난번 대비 데이터, 연쇄 지수 ◆ 暴涨 bàozhǎng 폭등하다, 갑자기 불어나다 ◆ 顶流 dǐngliú 거슬러 올라가다, 역류하다, 탑, 정상 ◆ 无非 wúfēi 단지 ~에 지나지 않다 ◆ 看中 kànzhòng 마음에 들다 ◆ 钱包 qiánbāo 지갑, 돈주머니 ◆ 否认 fǒurèn 부인하다, 부정하다 ◆ 衡量 héngliáng 판단하다, 평가하다, 따져보다 ◆ 标尺 biāochǐ 잣대, 척도 ◆ 友情 yǒuqíng 우정, 우의 ◆ 亲情 qīnqíng 혈육간의 정 ◆ 陌生人 mòshēngrén 낯선 사람 ◆ 纽带 niǔdài 연결 고리

哈尔滨市来说，"南方小土豆"不仅带来了对当地文化的浓厚
Hā'ěrbīn Shì láishuō, "Nánfāng xiǎotǔdòu" bùjǐn dàiláile duì dāngdì wénhuà de nónghòu

兴趣，更重要的是，他们带来了可观的消费力，这成为
xìngqù, gèng zhòngyào de shì, tāmen dàiláile kěguān de xiāofèilì, zhè chéngwéi

哈尔滨市欢迎他们的最主要原因。
Hā'ěrbīn Shì huānyíng tāmen de zuì zhǔyào yuányīn.

😊 확인하기

1. 본문에서 '남방의 작은 감자'는 무엇을 가리키나요?
   ① 南方游客   ② 保暖衣服   ③ 冰雪世界   ④ 美味佳肴

2. '남방의 작은 감자'라는 호칭은 손님에 대한 북방인들의 어떤 예의를 설명하나요?
   ① 幽默   ② 大方   ③ 热情   ④ 周到

3. '남방의 작은 감자'라는 호칭은 동북 사람들의 남북 두 지역의 교류에 대한 어떤 태도를 표현하고 있나요?
   ① 积极乐观   ② 加强促进   ③ 期待向往   ④ 小心翼翼

4. 하얼빈 시가 '남방의 작은 감자'를 환영하는 가장 큰 이유는 무엇일까요?
   ① 带动旅游业的发展   ② 拥有很强的消费力
   ③ 能在网上大力宣传   ④ 他们喜欢当地文化

浓厚 nónghòu 짙다, 농후하다, 깊다 • **可观** kěguān 굉장하다, 가관이다, 상당하다 • **消费力** xiāofèilì 소비력 • **佳肴** jiāyáo 좋은 요리 • **大方** dàfāng 시원스럽다, 대범하다 • **周到** zhōudào 꼼꼼하다 세심하다 • **小心翼翼** xiǎoxīn yìyì 엄숙하고 경건하다, 매우 조심하다 • **带动** dàidòng 이끌어 나가다, 선도하다 • **宣传** xuānchuán 선전(하다)

어법 만나기

① 相对……来说 ~에 비해

두 가지 또는 많은 사물 간의 비교 관계를 나타내며, '更, 较'와 같이 비교의 뜻을 가진 단어들과 결합한다. '对于……来说'는 어떤 사물의 관점에서 문제를 보는 것을 강조한다.

- 这座山相对那座山来说，更高一些。
  Zhè zuò shān xiāngduì nà zuò shān láishuō, gèng gāo yìxiē.
  이 산은 저 산에 비해 조금 더 높다. (두 개의 산을 비교하여 비교 후의 상황을 강조)

- 对于学生来说，学习是首要任务。
  Duìyú xuéshēng láishuō, xuéxí shì shǒuyào rènwu.
  학생에게 있어서 최우선의 임무는 공부이다. ('학생'이라는 주체의 관점에서 '공부'라는 상황을 대한 것)

② 동사+向

'向'은 개사로, 동작의 방향, 목표 또는 대상을 끌어들인다. '동사+向' 구조에서 '向' 뒤에는 일반적으로 어떤 목표나 도착지를 나타내는 단어가 온다.

- 经过风雨才能见彩虹，努力拼搏才能走向成功。
  Jīngguò fēngyǔ cáinéng jiàn cǎihóng, nǔlì pīnbó cáinéng zǒuxiàng chénggōng.
  비바람을 겪어야 무지개를 볼 수 있듯이 필사적으로 노력해야만 성공으로 나아갈 수 있다.
  (동작의 목표를 끌어들임 → 성공)

- 她迅速将脸转向左边。 그녀는 재빨리 얼굴을 왼쪽으로 돌렸다. (동작의 도착지 → 왼쪽)
  Tā xùnsù jiāng liǎn zhuǎnxiàng zuǒbiān.

③ 之所以A……，无非是B…… A의 이유는 단지 B이다

'无非是'는 '只是'의 뜻을 가지고 있으며 A는 결과나 결론을 나타낸다. '无非是'는 여기서 B원인 또는 B상황이 진짜 원인이나 상황임을 강조하며 때로는 원인이나 상황이 간단하고 별것 아님을 강조한다.

- 她之所以每天早起跑步，无非是想保持良好的身材。
  Tā zhīsuǒyǐ měitiān zǎoqǐ pǎobù, wúfēi shì xiǎng bǎochí liánghǎo de shēncái.
  그녀가 매일 일찍 일어나 달리기를 하는 이유는 단지 좋은 몸매를 유지하기 위함이다.

- 这个地方之所以经济发展缓慢，无非是缺乏丰富的自然资源。
  Zhège dìfang zhīsuǒyǐ jīngjì fāzhǎn huǎnmàn, wúfēi shì quēfá fēngfù de zìrán zīyuán.
  이곳의 경제 발전이 느린 이유는 단지 풍부한 자연 자원이 부족하기 때문이다.

◆ 유의어 비교

热情 열정, 열정적이다

'热情'은 형용사이자 명사이며, 사물이나 타인에 대한 개인의 적극적인 감정 표현을 묘사하는 데 많이 쓰인다.

热情的志愿者为游客提供了周到的服务。
Rèqíng de zhìyuànzhě wèi yóukè tígōngle zhōudào de fúwù.
열정적인 자원봉사자들이 관광객들에게 세심한 서비스를 제공했다. (자원봉사자들이 관광객들을 적극적으로 대하는 태도를 묘사)

热烈 열렬하다, 열광하다

'热烈'는 형용사로, 주로 감정, 분위기, 장면 등을 묘사할 때 자주 사용하며 고조되거나 적극적이며 또는 흥분되거나 열정이 넘치는 등의 특징을 가지고 있다.

今天的晚会现场充满了热烈的气氛。
Jīntiān de wǎnhuì xiànchǎng chōngmǎnle rèliè de qìfēn.
오늘의 파티 현장은 뜨거운 분위기로 가득 차 있었다. (파티의 분위기가 고조되고 흥분되어 있음을 강조)

◆ 고정 짝꿍

表达(对)……热情 (~에게) 열정을 표현하다	在这个小镇上，人们总是用心表达对客人的热情，让客人感受到真诚和温暖。 Zài zhège xiǎozhèn shàng, rénmen zǒngshì yòngxīn biǎodá duì kèrén de rèqíng, ràng kèrén gǎnshòu dào zhēnchéng hé wēnnuǎn. 이 작은 마을에서 사람들은 항상 정성을 다해 손님들에게 열정을 표현하여 손님들로 하여금 진심과 따뜻함을 느끼게 한다.
用……来称呼…… ~을 ~로 부르다	他喜欢用小狗狗来称呼自己的儿子。 Tā xǐhuan yòng xiǎogǒugou lái chēnghu zìjǐ de érzi. 그는 아들을 강아지라 부르는 걸 좋아한다.
在……眼中 ~가 보기에	在孩子眼中，好的动画片就像自己的朋友一样。 Zài háizi yǎnzhōng, hǎo de dònghuàpiàn jiù xiàng zìjǐ de péngyou yíyàng. 아이들이 보기에 좋은 애니메이션은 자신의 친구와 같다.
蕴含……深情厚谊 ~깊고 돈독한 감정을 담고 있다	很多古诗中都蕴含着作者对母亲的深情厚谊。 Hěn duō gǔshī zhōng dōu yùnhánzhe zuòzhě duì mǔqīn de shēnqíng hòuyì. 많은 고대 시가에는 작가의 어머니에 대한 깊고 돈독한 사랑이 담겨져 있다.
衡量……标尺 ~을 평가하는 척도	基层公共服务实效怎么样，群众的满意度才是衡量的根本标尺。 Jīcéng gōnggòng fúwù shíxiào zěnmeyàng, qúnzhòng de mǎnyìdù cáishì héngliáng de gēnběn biāochǐ. 기초 공공 서비스의 실효성이 어떤지는 군중의 만족도만이 평가의 근본 척도이다.
从……到…… ~부터 ~까지	从寒冷的冬天到温暖的春天，我一直在等待他回来。 Cóng hánlěng de dōngtiān dào wēnnuǎn de chūntiān, wǒ yìzhí zài děngdài tā huílái. 추운 겨울부터 따뜻한 봄까지 나는 줄곧 그가 돌아오길 기다리고 있었다.

문제 만나기

1 본문 내용에 따라 옳고 그름을 판단하세요.

❶ 东北人为了表达待客的热情，就用"南方小土豆"来称呼前来北方旅游的南方游客。　　　　　　　　　　　　　　　　（　）

❷ "南方小土豆"这个比喻充满了对南方人的赞美和喜爱，也体现了东北人的幽默和风趣。　　　　　　　　　　　　　　（　）

❸ 2023年末至2024年初，东北冰雪游并不受欢迎。　　　（　）

❹ 有观点认为，哈尔滨市之所以如此热烈地欢迎"南方小土豆"，并不是看中了他们的钱包。　　　　　　　　　　　　（　）

2 밑줄 친 부분과 비슷한 의미를 가진 보기를 고르세요.

❶ "南方小土豆"，是一个网络**热词**。

　　A 生僻词汇　　　　　　B 常用词汇
　　C 热门词汇　　　　　　D 敏感词汇

❷ "南方小土豆"这个称呼在网络上迅速**走红**。

　　A 流行起来　　　　　　B 很受欢迎
　　C 无人关心　　　　　　D 编入词典

❸ 2023年末至2024年初，东北冰雪游**人气"爆棚"**。

　　A 大受欢迎　　　　　　B 让人怀疑
　　C 让人难忘　　　　　　D 让人感叹

❹ 哈尔滨市成了2023年冬中国国内旅行目的地的**顶流**。

　　A 花费高　　　　　　　B 影响小
　　C 名气大　　　　　　　D 收益高

3 보기 중 적절한 표현을 골라 빈칸을 채워 보세요.

> **보기**
> 不仅……更重要的是……
> 虽然……但是……　　之所以……无非是……

① 今天天气＿＿＿＿＿很热，＿＿＿＿＿我还是穿上了厚厚的大衣。

② 教育＿＿＿＿＿很重要，＿＿＿＿＿因为它与每个人的人生息息相关。

③ 学校＿＿＿＿＿要传输知识，＿＿＿＿＿学校还要重视学生的素质教育。

4 다음 문장을 바르게 고쳐 보세요.

① 当我进入会场时，我发现现场很热情。

→ ＿＿＿＿＿＿＿＿＿＿＿＿＿＿＿＿＿＿＿＿＿＿＿＿＿＿＿＿＿＿＿

② 在老师的鼓励下，我的学习热烈越来越高涨。

→ ＿＿＿＿＿＿＿＿＿＿＿＿＿＿＿＿＿＿＿＿＿＿＿＿＿＿＿＿＿＿＿

5 본문 내용을 바탕으로 질문에 답해 보세요.

① 对于南方客人来说，去北方旅游时需要准备的东西是？

→ ＿＿＿＿＿＿＿＿＿＿＿＿＿＿＿＿＿＿＿＿＿＿＿＿＿＿＿＿＿＿＿

② "南方小土豆"这个比喻体现了东北人怎样的性格？

→ ＿＿＿＿＿＿＿＿＿＿＿＿＿＿＿＿＿＿＿＿＿＿＿＿＿＿＿＿＿＿＿

③ 对于哈尔滨市来说，"南方小土豆"给它带来了什么？

→ ＿＿＿＿＿＿＿＿＿＿＿＿＿＿＿＿＿＿＿＿＿＿＿＿＿＿＿＿＿＿＿

내 글씨로 독해 즐기기

- 본문 속 문장들을 필사해 보세요.

[본문 1]

　　"南方小土豆"这个称呼蕴含了东北人对南方人的深情厚谊。

[본문 2]

　　南方人带来了可观的消费力,这成为哈尔滨市欢迎他们的最主要原因。

부록

- Plus 유의어 비교
- Plus 고정 짝꿍
- 본문 해석
- 확인하기 & 문제 만나기 정답
- 단어 색인

Plus 유의어 비교

于是 그래서, 그리하여

인과 관계를 나타내지만 사물이 발생하는 순서와 연속성을 더 강조한다.

我很喜欢这件衣服，于是就买下来了。
Wǒ hěn xǐhuan zhè jiàn yīfu, yúshì jiù mǎixiàláile.
나는 이 옷이 너무 좋아서 사버렸다.
(먼저 옷이 좋아졌고 그 다음 옷을 샀으므로 연속성을 띠고 있음)

所以 그래서, 그런 까닭에

원인과 결과의 논리적인 관계를 나타낸다.

因为我总是感冒，所以我决定在家休息。
Yīnwèi wǒ zǒngshì gǎnmào, suǒyǐ wǒ juédìng zài jiā xiūxi.
나는 항상 감기에 걸리기 때문에 집에서 쉬기로 결정했다.
(내가 쉬는 원인은 감기 때문이므로 인과 관계를 강조함)

最后 최후, 맨 마지막

시간 순서에 따라 사물의 발전이 마지막 단계에 이르렀음을 강조한다.

比赛很激烈，最后我们通过顽强的毅力赢了比赛。
Bǐsài hěn jīliè, zuìhòu wǒmen tōngguò wánqiáng de yìlì yíngle bǐsài.
시합은 매우 치열했고 우리는 끈질긴 끈기로 최종 우승을 거두었다.
(시합의 최종 단계 상황을 나타냄)

最终 결국, 마침내

사물이 일련의 노력이나 변화를 거쳐 결정적인 결과를 가져왔음을 강조한다.

她经过多年的刻苦努力，最终实现了自己的梦想。
Tā jīngguò duōnián de kèkǔ nǔlì, zuìzhōng shíxiànle zìjǐ de mèngxiǎng.
그녀는 다년간의 고된 노력 끝에 마침내 자신의 꿈을 이루었다.
(노력을 통해 결정적인 결과를 가져왔음을 강조)

诞生 생기다, 나오다, 태어나다

주로 사람이 태어나거나 새로운 사물이 출현하거나 발생했음을 나타낸다.

欧洲教堂是许多出色的绘画作品诞生的地方。
Ōuzhōu jiàotáng shì xǔduō chūsè de huìhuà zuòpǐn dànshēng de dìfang.
유럽 성당은 뛰어난 그림 작품이 많이 배출된 곳이다.
(그림 작품은 새로운 사물)

产生 발생하다, 생기다, 출현하다

기존의 사물에서 새로운 사물이 생겨나는 것을 나타내며 형성 또는 출현을 말한다.

科学实验中通过化学反应产生新的化合物。
Kēxué shíyàn zhōng tōngguò huàxué fǎnyìng chǎnshēng xīn de huàhéwù.
과학 실험에서 화학 반응을 통해 새로운 화합물이 생긴다.
(기존의 화합물에서 새로운 화합물이 생김)

便利 편리하다, 편리하게 하다

행동할 때 어렵게 느껴지지 않고, 쉽게 목적을 달성함을 강조한다.

附近就有商场，买东西很便利。
Fùjìn jiùyǒu shāngchǎng, mǎi dōngxi hěn biànlì.
근처에 쇼핑몰이 있어서 물건을 사기가 매우 편리하다.
('물건을 사는' 목적을 아주 쉽게 실현함을 강조)

便捷 간편하다, 민첩하다

동작이 빠르고 민첩하며 가뿐함을 강조한다.

自行车是一种即便捷又环保的交通工具。
Zìxíngchē shì yì zhǒng jì biànjié yòu huánbǎo de jiāotōng gōngjù.
자전거는 간편하고 친환경적인 교통수단이다.
(자전거의 가뿐함을 강조)

常常 늘, 항상, 종종

부사로, 지속성과 반복성을 강조한다. 흔히 사람의 행위 또는 동작이 반복적으로 나타나거나 자주 발생할 때 쓰이며 주기성과 습관성을 묘사할 때 쓰인다.

小微常常在吃早餐时喝牛奶。
Xiǎowēi chángcháng zài chī zǎocān shí hē niúnǎi.
샤오웨이는 아침을 먹을 때 늘 우유를 마신다.
(우유를 마시는 행동이 반복적임을 말하며 아침 식사 때 마시는 습관이 있음)

频繁 잦다, 빈번하다

형용사로, 동작이나 사건 발생의 횟수가 많음을 나타낸다. 시간이 짧거나 길거나 막론하고 횟수가 많고 빈도가 높음을 강조하면 모두 '频繁'을 사용할 수 있다.

最近一段时间，这个地区频繁发生地震。
Zuìjìn yíduàn shíjiān, zhège dìqū pínfán fāshēng dìzhèn.
최근 한동안 이 지역에서 지진이 빈번하게 발생하고 있다.
(일정 기간 동안 지진이 발생한 빈도가 높다는 것을 강조)

压力 스트레스

생활과 일로 인해 발생하는 심리적 부담감을 감당하면서 생기는 불안함과 긴장감을 말한다.

现代社会的快节奏生活给人们带来了巨大的压力。
Xiàndài shèhuì de kuài jiézòu shēnghuó gěi rénmen dàiláile jùdà de yālì.
현대 사회의 빠른 생활 리듬은 사람들에게 엄청난 스트레스를 주고 있다.
(빠른 생활 리듬으로 생긴 심리적 부담)

压迫 압박(하다), 억압(하다)

권리나 능력으로 다른 사람이 자신에게 복종하도록 강요하는 것을 말하며, 억압을 가하는 쪽과 억압을 받는 쪽은 강자와 약자의 관계이다.

在父母长期的压迫下，他的性格越来越奇怪。
Zài fùmǔ chángqī de yāpò xià, tā de xìnggé yuèláiyuè qíguài.
부모의 오랜 억압으로 인해 그의 성격은 점점 이상해졌다.
(부모와 그는 강자와 약자의 관계)

Plus 유의어 비교

自己 자기, 자신

본인을 가리킨다.

每个人都知道自己的故乡在哪儿。
Měige rén dōu zhīdào zìjǐ de gùxiāng zài nǎr.
모든 사람들은 자신의 고향이 어디인지 알고 있다.
(본인의 고향)

自我 자아, 자기 자신

일반적으로 2음절 동사 앞에 쓰여, 본인이 이 동작을 시작하고 또한 동작에 관련된 대상도 본인임을 나타낸다.

自我反省是一件很困难的事情。
Zìwǒ fǎnxǐng shì yí jiàn hěn kùnnan de shìqing.
자기 성찰은 매우 어려운 일이다.
(본인이 반성을 하고 반성의 대상도 본인)

情绪 정서, 기분, 감정

일반적으로 '흥분, 감격, 진지, 긴장, 냉담' 등 외적인 심리 상태를 말한다. 감정의 외적인 표현이다.

虽然他没有考上自己喜欢的学校，但是他并没有表现出失望情绪。
Suīrán tā méiyǒu kǎoshàng zìjǐ xǐhuan de xuéxiào, dànshì tā bìng méiyǒu biǎoxiàn chū shīwàng qíngxù.
비록 그는 좋아하는 학교에 입학하지 못했지만 실망의 감정을 드러내지 않았다.
(실망은 외적인 심리 상태로 외부인도 느낄 수 있음)

情感 정감, 감정, 느낌

일반적으로 '기쁨, 분노, 슬픔, 즐거움' 등 각종 내적인 심리 상태를 말한다. 이러한 감정은 외적인 기분을 통해 표현된다.

情感是人类最为复杂的一种内在体验，它影响着我们的思维、行为和人际关系。
Qínggǎn shì rénlèi zuìwéi fùzá de yì zhǒng nèizài tǐyàn, tā yǐngxiǎngzhe wǒmen de sīwéi, xíngwéi hé rénjì guānxi.
감정은 인간의 가장 복잡한 내적 체험으로, 우리의 사고, 행위와 인간관계에 영향을 준다.
(내적 체험은 내적인 심리 상태를 말함)

具有 구비하다, 가지다

존재를 나타내며 객관적 소유 또는 점유를 강조한다. 추상적인 사물에 적용되며 종종 '意义, 价值, 作用, 精神, 风格, 信心, 能力, 水平, 传统, 特点, 吸引力' 등의 단어와 함께 사용한다.

他具有丰富的经验。
Tā jùyǒu fēngfù de jīngyàn.
그는 풍부한 경험을 가지고 있다.
(경험은 추상적 사물이고, 이를 소유하고 있음을 강조)

具备 갖추다, 구비하다

일정한 요구와 표준에 부합됨을 나타내며 이미 가지고 있고 완비되어 있음을 강조한다. 구체적인 사물에 적용되며 종종 '设施, 条件, 手续, 资格, 技能' 등의 단어와 함께 사용한다.

由于条件还不具备，这项计划暂缓实行。
Yóuyú tiáojiàn hái bú jùbèi, zhè xiàng jìhuà zànhuǎn shíxíng.
조건이 아직 갖추어지지 않았기 때문에 이 계획은 잠시 보류하기로 했다.
(조건이 일정한 요구와 표준에 부합하지 않기 때문에 실행할 수 없음)

交流 교류하다, 오고 가다

정보의 상호 교환을 강조하며 자신이 가진 것을 상대방에게 공급하는 것을 말한다. '交流'의 목적은 정보를 공유하여 서로 이익과 혜택을 얻는 것이다.

今天在会议上，我们互相交流了工作经验。
Jīntiān zài huìyì shàng, wǒmen hùxiāng jiāoliúle gōngzuò jīngyàn.
오늘 회의에서 우리는 서로 업무 경험을 교류했다.
(업무 경험이라는 정보를 공유함)

沟通 소통하다, 교류하다

일반적으로 정보, 생각과 감정의 전달 및 피드백 과정을 말하며, 생각의 일치 또는 감정의 원활함을 목표로 한다.

虽然同是中国人，但各地区的方言却千差万别，很难互相沟通。
Suīrán tóngshì Zhōngguórén, dàn gè dìqū de fāngyán què qiān chā wàn bié, hěn nán hùxiāng gōutōng.
비록 같은 중국인이지만, 각 지역의 방언이 천차만별이어서 서로 소통하기가 어렵다.
(알아듣지 못하기 때문에 감정적으로 원활하게 소통하기 어려움)

关注 관심(을 가지다)

지속적인 관심과 중시를 표현하는데, 심리적일 수도 있고 행동적일 수도 있다.

我们一直关注着家乡的变化。
Wǒmen yìzhí guānzhùzhe jiāxiāng de biànhuà.
우리는 줄곧 고향의 변화를 주시하고 있다.
(지속적인 관심과 중시)

注意 주의(하다), 조심(하다)

일반적으로 심리 활동을 말하며, 어떤 대상에 대한 정신적인 집중을 나타낸다. 주동적인 심리 과정이다.

老师一再告诉我们，过马路要注意安全。
Lǎoshī yízài gàosu wǒmen, guò mǎlù yào zhùyì ānquán.
선생님은 우리에게 길을 건널 때 안전에 주의해야 한다고 거듭 말씀하셨다.
(심리 활동이 안전에 집중되어 있음)

讨论 토론(하다)

모두가 공감할 수 있는 결과를 얻기 위해 하나의 주제나 문제를 중심으로 토론을 펼치는 행위를 강조한다.

双方代表首先讨论了会谈的内容。
Shuāngfāng dàibiǎo shǒuxiān tǎolùnle huìtán de nèiróng.
양측 대표는 우선 회담 내용에 대해 논의했다.
(회담 내용을 중심으로 토론을 펼치는 행위)

争论 쟁론(하다), 논쟁(하다)

'争论'의 목적은 상대방의 관점을 반박하는 것으로, 이 과정에서 심지어 충돌이 생기거나 대립되는 감정이 생길 수 있다.

这两个国家之间关于边境的争论已经持续了数十年。
Zhè liǎng ge guójiā zhījiān guānyú biānjìng de zhēnglùn yǐjīng chíxùle shù shínián.
국경에 대한 두 나라 간의 논쟁은 수십 년 동안 지속되어 왔다.
(국경 문제에 대한 논의로 대립과 충돌이 일어날 수 있음)

Plus 유의어 비교

推动 추진하다, 촉진하다

외부의 힘에 의해 사물이 움직이기 시작하거나 발전하는 것을 말하며, 일종의 시작 또는 유도의 의미를 내포하고 있다.

目前在世界各地，喜爱足球的人越来越多，这些人推动了足球事业不断向前发展。
Mùqián zài shìjiè gèdì, xǐ'ài zúqiú de rén yuèláiyuè duō, zhèxiē rén tuīdòngle zúqiú shìyè búduàn xiàng qián fāzhǎn.
현재 세계 각지에서 축구를 좋아하는 사람들이 점점 많아지고 있으며, 이 사람들이 축구 사업의 부단한 발전을 추진하고 있다.
(축구를 좋아하는 사람들이 점점 많아지기 때문에 축구 사업이 발전할 수 있음)

促进 촉진하다

일반적으로 어떤 수단이나 조치를 통해 어떤 과정의 발전을 강화하거나 가속화하는 것을 말하며, 현 추세에 대한 강화 작용을 강조한다.

健康的饮食习惯会促进身体的新陈代谢。
Jiànkāng de yǐnshí xíguàn huì cùjìn shēntǐ de xīnchén dàixiè.
건강한 식습관은 신체의 신진대사를 촉진시킨다.
(기존의 신진대사를 높이는 역할을 함)

途径 경로, 수단, 루트

주로 특정 목적을 달성하거나 어떤 문제를 해결하기 위해 취하는 수단, 조치, 방법, 절차, 과정 등을 말한다.

如果你想要实现自己的目标，就必须努力寻找途径。
Rúguǒ nǐ xiǎngyào shíxiàn zìjǐ de mùbiāo, jiù bìxū nǔlì xúnzhǎo tújìng.
만약 자신의 목표를 달성하고 싶다면 반드시 방법을 찾기 위해 노력해야 한다.
(목표를 달성하기 위한 방법을 가리킴)

路径 길, 도로, 통로

일반적으로 공간에서 두 지점을 연결하는 실제 노선을 말한다. 즉, 구체적인 도로를 가리킨다.

为了规划下星期的校外教学，老师提前探路，寻找理想路径。
Wèile guīhuà xiàxīngqī de xiàowài jiàoxué, lǎoshī tíqián tànlù, xúnzhǎo lǐxiǎng lùjìng.
다음 주 교외 수업을 기획하기 위해 선생님은 먼저 현장 조사를 하며 이상적인 길을 찾고 있다.
(진짜로 실제적인 길을 가리킴)

引起 야기하다, 일으키다, 끌다

어떤 상황, 현상, 활동 등이 다른 상황, 현상, 활동 등을 나타나게 한다.

弟弟的反常行为引起了大家的注意。
Dìdi de fǎncháng xíngwéi yǐngǐle dàjiā de zhùyì.
남동생의 비정상적인 행동은 모두의 관심을 끌었다.
('비정상적인 행동'이 '모두의 관심'이라는 상황을 나타나게 함)

引发 일으키다, 야기하다

'引起'와 의미가 비슷하지만 감명을 받아 어떤 반응을 일으켰음을 더 강조한다.

天象观测引发了大家对天文学的浓厚兴趣。
Tiānxiàng guāncè yǐnfāle dàjiā duì tiānwénxué de nónghòu xìngqù.
천문 현상 관측은 사람들의 천문학에 대한 깊은 흥미를 불러일으켰다.
(깊은 흥미는 일종의 반응에 속함)

孤立 고립되어 있다, 고립하다

다른 사물과 관련이 없음을 강조하며 사람 또는 구체적인 사물이나 추상적인 사물에 쓰인다. 사람과 사물 간의 관계를 묘사하는 데 중점을 둔다.

对待事实情况，我们要全面考虑，不要孤立地看待。
Duìdài shìshí qíngkuàng, wǒmen yào quánmiàn kǎolǜ, búyào gūlì de kàndài.
실정에 대해 우리는 개별적으로 바라보지 말고 전반적으로 고려해야 한다.
(사람과 사물 간의 관계를 묘사)

孤单 외롭다, 쓸쓸하다, 고독하다

동반자가 없음을 강조하며 사람에게만 적용한다. 심리적인 쓸쓸한 느낌을 묘사하는 데 중점을 둔다.

我一个人在外生活，感到了孤单。
Wǒ yí ge rén zàiwài shēnghuó, gǎndàole gūdān.
나는 혼자 외지에서 생활하기 때문에 외로움을 느꼈다.
(혼자라서, 동반자가 없어서 외로움을 느낌)

失去 잃다, 잃어버리다

원래 가지고 있던 것을 더 이상 가지고 있지 않거나 또는 획득하지 못했거나 파악하지 못했음을 말한다. 주로 실물, 기회, 지위 등을 상실했을 때 자주 사용한다.

他在那场意外事故中失去了双腿，但他依然坚强地面对生活。
Tā zài nà chǎng yìwài shìgù zhōng shīqùle shuāngtuǐ, dàn tā yīrán jiānqiáng de miànduì shēnghuó.
그는 그때 의외의 사고로 두 다리를 잃었지만 여전히 굳건하게 삶을 대하고 있다.
(원래 가지고 있던 것을 더 이상 소유하고 있지 않음)

逝去 흘러가다, 돌아가시다

주로 시간이나 생명 등의 흐름을 묘사할 때 사용하며, 일종의 무기력함과 그리운 감정을 가지고 있다.

逝去的亲人永远活在家人的心中。
Shìqù de qīnrén yǒngyuǎn huózài jiārén de xīnzhōng.
돌아가신 사람은 영원히 가족들의 마음속에 살아있다.
(사라진 생명에 대한 그리움)

幽默 유머, 익살스럽다

행동과 언어(구어)의 재미에 중점을 둔다.

一个人的幽默感可以体现在他的言谈举止中，通过说笑话的方式让人发笑。
Yí ge rén de yōumògǎn kěyǐ tǐxiàn zài tā de yántán jǔzhǐ zhōng, tōngguò shuō xiàohuà de fāngshì ràng rén fāxiào.
한 사람의 유머 감각은 그의 언행에서 볼 수 있는데, 우스갯소리를 하는 방식으로 사람을 웃게 만든다.
(행동과 말에서 표현)

风趣 유머, 재미

언어(서면어)나 문장의 재미에 중점을 둔다.

一个作家可以用风趣的语言描述一个场景，使读者在阅读过程中感受到乐趣。
Yí ge zuòjiā kěyǐ yòng fēngqù de yǔyán miáoshù yí ge chǎngjǐng, shǐ dúzhě zài yuèdú guòchéng zhōng gǎnshòu dào lèqù.
작가가 재미있는 언어로 한 장면을 묘사함으로써 이는 독자들이 읽는 과정에서 즐거움을 느끼게 할 수 있다.
(언어와 문장에서 표현)

Plus 유의어 비교

慰藉 위안(하다), 위로(하다), 안심(시키다)

정신적 위로와 보상에 중점을 두고 있으며 일반적으로 비교적 큰 좌절, 실의 또는 고통에 쓰인다.

在我孤寂忧伤的时候，你默默地给我慰藉，使我感动。
Zài wǒ gūjì yōushāng de shíhou, nǐ mòmò de gěi wǒ wèijiè, shǐ wǒ gǎndòng.
내가 외롭고 슬플 때 네가 묵묵히 나를 위로해주어서 감동받았다.
(외로움과 슬픔은 일종의 고통으로, 정신적 위로에 속함)

安慰 위로하다, 위안하다

사람들의 마음을 안정시키고 편안하게 만드는 데 중점을 둔다. 일반적으로 일상생활에서의 작은 좌절, 작은 어려움에 쓰이며 표현 방식은 비교적 직설적이다.

心情不好的时候，只想一个人安安静静的呆着，并不需要别人的安慰。
Xīnqíng bù hǎo de shíhou, zhǐxiǎng yí ge rén ān'ānjìngjìng de dāizhe, bìngbù xūyào biérén de ānwèi.
기분이 안 좋을 때 혼자 조용히 있고 싶지 다른 사람의 위로는 필요 없다.
(기분이 안 좋은 것은 작은 좌절에 속함)

望 바라보다

원래의 뜻은 높은 곳 또는 먼 곳을 보는 것을 말하며, 일반적으로 먼 거리에서 보는 것을 묘사한다.

站在山顶上，登高望远，心情也会变得十分愉悦。
Zhànzài shāndǐng shàng, dēnggāo wàngyuǎn, xīnqíng yě huì biàn de shífēn yúyuè.
산꼭대기에 서서 멀리 바라보면 기분도 매우 즐거워진다.
(먼 곳을 바라본다는 뜻)

看 보다

보다 넓은 의미를 가지고 있는데, 가까운 거리에서 관찰하다는 뜻도 있지만 '검사하다, 성찰하다, 읽다' 등의 뜻도 가지고 있다.

孩子考试成绩不好，你首先应该反省一下，看一下自己做得是否正确。
Háizi kǎoshì chéngjì bù hǎo, nǐ shǒuxiān yīnggāi fǎnxǐng yíxià, kàn yíxià zìjǐ zuò de shìfǒu zhèngquè.
아이의 시험 성적이 좋지 않으면 당신이 먼저 반성하고 자신이 제대로 했는지 확인해야 한다.
(자신을 검사하고 성찰한다는 뜻)

✓ Plus 고정 짝꿍

在……过程中 ~하는 과정에서	**在**努力的**过程中**，我们一定会遇到困难，但我们不能放弃。 Zài nǔlì de guòchéng zhōng, wǒmen yídìng huì yùdào kùnnan, dàn wǒmen bù néng fàngqì. 노력하는 과정에서 우리는 반드시 어려움을 겪게 되지만 포기해서는 안 된다.
忽略……感受 ~감정을 무시하다	不要因别人的不认同而去选择**忽略**了自己的**感受**。 Búyào yīn biérén de bú rèntóng ér qù xuǎnzé hūlüèle zìjǐ de gǎnshòu. 다른 사람이 인정하지 않는다고 해서 자신의 감정을 무시해서는 안 된다.
在……道路上 ~길에서, ~함에 있어서	**在**保护环境的**道路上**，我们要坚持下去，不能放弃。 Zài bǎohù huánjìng de dàolù shàng, wǒmen yào jiānchí xiàqù, bù néng fàngqì. 환경을 보호함에 있어서 우리는 끝까지 버텨야 하고 포기해서는 안 된다.
创造……未来 ~미래를 만들다	我们要通过自己的努力来**创造**美好的**未来**。 Wǒmen yào tōngguò zìjǐ de nǔlì lái chuàngzào měihǎo de wèilái. 우리는 자신의 노력으로 아름다운 미래를 만들어야 한다.
与……共命运 ~와 운명을 같이 하다	面对危机，我们要**与**民族**共命运**。 Miànduì wēijī, wǒmen yào yǔ mínzú gòng mìngyùn. 위기에 직면했을 때, 우리는 민족과 운명을 같이 해야 한다.
用户需求 사용자의 요구	在当今的市场竞争中，了解**用户需求**对于企业的成功非常重要。 Zài dāngjīn de shìchǎng jìngzhēng zhōng, liǎojiě yònghù xūqiú duìyú qǐyè de chénggōng fēicháng zhòngyào. 오늘날 시장 경쟁에서 사용자의 요구를 잘 아는 것은 기업의 성공에 있어 매우 중요하다.
心理上的沟通 심리적 소통	**心理上的沟通**是需要换位思考的，这也是一种智慧。 Xīnlǐ shàng de gōutōng shì xūyào huànwèi sīkǎo de, zhè yěshì yì zhǒng zhìhuì. 심리적 소통은 상대방의 입장에서 생각해야 하는데, 이것도 지혜의 일종이다.
更深入地了解 더 깊이 이해하다	这个问题需要**更深入地了解**，调查和研究。 Zhège wèntí xūyào gèng shēnrù de liǎojiě, diàochá hé yánjiū. 이 문제는 더 깊이 이해하고 조사하며 연구할 필요가 있다.
对……造成……影响 ~에 대해 ~영향을 끼치다	最近一项调查显示，超过70%的受访者认为社交媒体**对**人们的心理健康**造成**了负面**影响**。 Zuìjìn yí xiàng diàochá xiǎnshì, chāoguò bǎifēnzhī qīshí de shòufǎngzhě rènwéi shèjiāo méitǐ duì rénmen de xīnlǐ jiànkāng zàochéngle fùmiàn yǐngxiǎng. 최근 조사에 따르면 응답자의 70% 이상이 소셜 미디어가 사람들의 정신 건강에 부정적인 영향을 끼친다고 생각한다고 한다.

Plus 고정 짝꿍

……关系紧张/破裂 ~관계가 긴장하다/틀어지다	我和我的妈妈因为我就业的问题而关系紧张。 Wǒ hé wǒ de māma yīnwèi wǒ jiùyè de wèntí ér guānxi jǐnzhāng. 나와 엄마는 나의 취업 문제로 사이가 팽팽해졌다.
简而言之 간단히 말해서	简而言之，这些产品都可以满足您的所有需求。 Jiǎn ér yán zhī, zhèxiē chǎnpǐn dōu kěyǐ mǎnzú nín de suǒyǒu xūqiú. 간단히 말해서, 이 제품들은 당신의 모든 요구를 충족시킬 수 있습니다.
至关重要 매우 중요하다	充足的睡眠对于维持良好的身体健康至关重要。 Chōngzú de shuìmián duìyú wéichí liánghǎo de shēntǐ jiànkāng zhìguān zhòngyào. 충분한 수면은 신체 건강을 유지하는 데 있어 매우 중요하다.
引发……争论 ~논쟁을 불러일으키다	是否应该使用一次性塑料制品的问题引发了大家的争论。 Shìfǒu yīnggāi shǐyòng yícìxìng sùliào zhìpǐn de wèntí yǐnfāle dàjiā de zhēnglùn. 일회용 플라스틱 제품을 사용해야 하는지 아닌지에 대한 문제는 많은 사람들의 논쟁을 불러일으켰다.
众所周知 모든 사람이 다 알고 있다	众所周知，音乐可以有效地缓解压力和焦虑。 Zhòng suǒ zhōu zhī, yīnyuè kěyǐ yǒuxiào de huǎnjiě yālì hé jiāolǜ. 주지하다시피 음악은 스트레스와 불안을 효과적으로 완화시킨다.
保持平衡 균형을 유지하다	在生活中，我们需要保持平衡，不仅在工作中追求成就，也要注重健康和休息。 Zài shēnghuó zhōng, wǒmen xūyào bǎochí pínghéng, bùjǐn zài gōngzuò zhōng zhuīqiú chéngjiù, yě yào zhùzhòng jiànkāng hé xiūxi. 생활에서 우리는 균형을 유지해야 한다. 직장에서 성과를 추구할 뿐만 아니라 건강과 휴식도 중요시해야 한다.
是因为……而并不是(因为) ~때문이지 ~(때문)은 아니다	她放弃考大学是因为贫穷，而并不是因为成绩不好。 Tā fàngqì kǎo dàxué shì yīnwèi pínqióng, ér bìng bú shì yīnwèi chéngjì bù hǎo. 그녀가 대학 입학을 포기한 것은 집이 가난하기 때문이지 성적이 좋지 않아서가 아니다.
以……心态 ~마음가짐으로	我相信在未来的日子里，我们会以更加自信的心态，面对每一个挑战与机遇！ Wǒ xiāngxìn zài wèilái de rìzi lǐ, wǒmen huì yǐ gèngjiā zìxìn de xīntài, miànduì měi yí ge tiǎozhàn yǔ jīyù! 나는 앞으로 우리가 더 자신감 있는 마음가짐으로 모든 도전과 기회에 대면할 것이라고 믿는다!

实现……理想/追求/自我价值 꿈/욕구/자아가치를 실현하다	经过长时间的努力，他终于**实现**了自己的**理想**。 Jīngguò cháng shíjiān de nǔlì, tā zhōngyú shíxiànle zìjǐ de lǐxiǎng. 긴 시간의 노력 끝에 그는 드디어 자신의 꿈을 실현했다.
在……的同时，也…… ~하는 동시에 ~도	**在**锻炼身体**的同时**，**也**要注意饮食的规律性。 Zài duànliàn shēntǐ de tóngshí, yě yào zhùyì yǐnshí de guīlǜxìng. 몸을 단련하는 동시에 음식의 규칙성에도 주의해야 한다.
对……产生……影响 ~에 ~영향을 미치다	从小开始培养小孩的责任感是非常重要的，这会**对**他们未来的人生道路**产生**深远的**影响**。 Cóngxiǎo kāishǐ péiyǎng xiǎohái de zérèngǎn shì fēicháng zhòngyào de, zhè huì duì tāmen wèilái de rénshēng dàolù chǎnshēng shēnyuǎn de yǐngxiǎng. 어릴 때부터 아이의 책임감을 기르는 것은 매우 중요하다. 이는 그들의 미래 인생길에 지대한 영향을 미칠 것이다.
此外……，还…… 그 외에도	这家旅馆可以为80位客人提供住宿，**此外**，**还**提供了几个可以让自己做饭的房间。 Zhè jiā lǚguǎn kěyǐ wèi bāshí wèi kèrén tígōng zhùsù, cǐwài, hái tígōngle jǐ ge kěyǐ ràng zìjǐ zuòfàn de fángjiān. 이 여관은 80명의 손님을 수용할 수 있고, 그 외에도 스스로 요리를 할 수 있는 방 몇 개를 제공하고 있다.
能源短缺 에너지 부족	**能源短缺**指的是世界各国经济发展使能源需求增加，而能源供给又减少的现象。 Néngyuán duǎnquē zhǐ de shì shìjiè gè guó jīngjì fāzhǎn shǐ néngyuán xūqiú zēngjiā, ér néngyuán gōngjǐ yòu jiǎnshǎo de xiànxiàng. 에너지 부족이란 세계 각국의 경제 발전으로 에너지 수요가 증가하는 반면 에너지 공급이 감소하는 현상을 말한다.
工作岗位 일자리	据分析，在三年后，公共部门将失去290,000个**工作岗位**。 Jù fēnxī, zài sān nián hòu, gōnggòng bùmén jiāng shīqù èrshí jiǔwàn ge gōngzuò gǎngwèi. 분석에 따르면 3년 후 공공기관에서 2만 9천 개의 일자리가 없어질 것이라고 한다.
数据泄露 데이터 유출	随着信息技术的快速发展，**数据泄露**的风险也日益增加。 Suízhe xìnxī jìshù de kuàisù fāzhǎn, shùjù xièlòu de fēngxiǎn yě rìyì zēngjiā. 정보 기술의 급속한 발전으로 데이터 유출의 위험도 날로 증가하고 있다.

Plus 고정 짝꿍

应对……挑战 ~도전에 대응하다	保持积极的心态是应对人生挑战的第一步，当我们遇到困难时，要相信自己有能力克服困难。 Bǎochí jījí de xīntài shì yìngduì rénshēng tiǎozhàn de dìyībù, dāng wǒmen yùdào kùnnan shí, yào xiāngxìn zìjǐ yǒu nénglì kèfú kùnnan. 긍정적인 마음가짐을 유지하는 것은 인생의 도전에 대응하는 첫 단계이다. 우리가 어려움에 직면했을 때 스스로 어려움을 극복할 능력이 있다고 믿어야 한다.	
实现……和谐共处 ~조화로운 공존을 이루다	如何实现社会各方面的和谐共处？这是我们应该考虑的问题。 Rúhé shíxiàn shèhuì gè fāngmiàn de héxié gòngchǔ? Zhè shì wǒmen yīnggāi kǎolǜ de wèntí. 어떻게 하면 사회 전반의 조화로운 공존을 이룰지? 이것은 우리가 마땅히 고려해야 할 문제이다.	
日益广泛 나날이 광범위해지다	AI技术在教育领域的应用日益广泛。 AI jìshù zài jiàoyù lǐngyù de yìngyòng rìyì guǎngfàn. AI 기술은 교육 분야에서 나날이 광범위하게 응용되고 있다.	
通过……途径/措施 ~경로/조치를 통해	我们通过实施一系列措施来扩展全球市场。 Wǒmen tōngguò shíshī yíxìliè cuòshī lái kuòzhǎn quánqiú shìchǎng. 우리는 일련의 조치를 시행하여 글로벌 시장을 확장했다.	
传染病的传播/流行/爆发 감염병의 전파/유행/발병	传染病爆发是指在短时间内，突然出现大量相同病例的现象。 Chuánrǎnbìng bàofā shìzhǐ zài duǎn shíjiān nèi, tūrán chūxiàn dàliàng xiāngtóng bìnglì de xiànxiàng. 감염병 발병은 단기간에 갑자기 대량의 동일한 질병 사례가 나타나는 현상을 말한다.	
全球气候变暖 지구 온난화	全球气候变暖是一种和自然环境有关的现象。 Quánqiú qìhòu biànnuǎn shì yì zhǒng hé zìrán huánjìng yǒuguān de xiànxiàng. 지구 온난화는 자연 환경과 관련된 현상이다.	
病毒滋生/变异 바이러스가 번식하다/변이하다	气温的回升使病毒滋生的速度加快，也使人群患病几率增大。 Qìwēn de huíshēng shǐ bìngdú zīshēng de sùdù jiākuài, yě shǐ rénqún huànbìng jīlǜ zēngdà. 기온의 상승은 바이러스의 번식 속도를 가속화시키고 또 사람들이 질병에 걸릴 확률도 증가시킨다.	
极端天气 극단적인 날씨, 기상이변	随着气候变化的加剧，极端天气现象在全球范围内频繁发生。 Suízhe qìhòu biànhuà de jiājù, jíduān tiānqì xiànxiàng zài quánqiú fànwéi nèi pínfán fāshēng. 기후 변화가 심화됨에 따라 기상이변 현상이 전 세계적으로 빈번하게 발생하고 있다.	

研究显示 연구에 따르다	研究显示，社会观念对个人的烟酒消费习惯有着显著的影响。 Yánjiū xiǎnshì, shèhuì guānniàn duì gèrén de yānjiǔ xiāofèi xíguàn yǒuzhe xiǎnzhù de yǐngxiǎng. 연구에 따르면 사회 관념은 개인의 담배와 술 소비 습관에 현저한 영향을 미치고 있다.
公共卫生危机 공중 보건 위기	在全球化的时代，每个国家甚至每个人在重大公共卫生危机面前都要全力以赴。 Zài quánqiúhuà de shídài, měige guójiā shènzhì měige rén zài zhòngdà gōnggòng wèishēng wēijī miànqián dōu yào quánlì yǐfù. 글로벌 시대에 모든 국가 내지 모든 사람은 중대한 공중 보건 위기 앞에서 최선을 다해야 한다.
自我保护能力 자기보호 능력	我们要培养孩子的自我保护能力。 Wǒmen yào péiyǎng háizi de zìwǒ bǎohù nénglì. 우리는 아이들의 자기보호 능력을 길러줘야 한다.
体现人文关怀 인도적 배려를 표현하다	在由AI机器人写成的新闻报道中，有必要写入一些能体现人文关怀的内容。 Zài yóu AI jīqìrén xiěchéng de xīnwén bàodào zhōng, yǒu bìyào xiěrù yìxiē néng tǐxiàn rénwén guānhuái de nèiróng. AI 로봇이 작성한 뉴스 보도에는 인도적 배려를 표현할 수 있는 내용들을 기록할 필요가 있다.
社会参与度 사회 참여도	对于中小学生来说，社会参与度可能是一种陌生的概念。 Duìyú zhōngxiǎoxuéshēng láishuō, shèhuì cānyǔdù kěnéng shì yì zhǒng mòshēng de gàiniàn. 초, 중학생에게 사회 참여도는 생소한 개념일 수 있다.
独特的魅力 독특한 매력	不同的民族文化在兰州市相互融合，形成了独特的文化魅力。 Bùtóng de mínzú wénhuà zài Lánzhōu Shì xiānghù rónghé, xíngchéngle dútè de wénhuà mèilì. 서로 다른 민족 문화가 란저우 시에서 서로 융합되어 독특한 문화 매력을 형성했다.
在……基础上 ~을 기반으로	在我们共同努力的基础上，我们公司取得了巨大的成功。 Zài wǒmen gòngtóng nǔlì de jīchǔ shàng, wǒmen gōngsī qǔdéle jùdà de chénggōng. 우리의 공동 노력으로 우리 회사는 거대한 성공을 거두었다.
重现眼前 눈앞에 되살아나다	看到这些照片，仿佛历史重现眼前。 Kàndào zhèxiē zhàopiàn, fǎngfú lìshǐ chóngxiàn yǎnqián. 이 사진들을 보고 있으니 마치 역사가 눈앞에 되살아난 듯하다.

Plus 고정 짝꿍

奇妙的体验 신기한 체험	这部科幻小说给我们带来了很多奇妙的体验。 Zhè bù kēhuàn xiǎoshuō gěi wǒmen dàiláile hěn duō qímiào de tǐyàn. 이 SF 소설은 우리에게 많은 신기한 체험을 하게 하였다.
不仅如此 뿐만 아니라	他迟到了，不仅如此，他还没完成作业。 Tā chídàole, bùjǐn rúcǐ, tā hái méi wánchéng zuòyè. 그는 지각했을 뿐만 아니라 숙제도 끝내지 못했다.
对于……而言 ~에게는	对于小朋友们而言，游乐场真是一个快乐的场所。 Duìyú xiǎopéngyoumen éryán, yóulèchǎng zhēnshì yí ge kuàilè de chǎngsuǒ. 어린이들에게 놀이동산은 정말 즐거운 장소이다.
心灵的慰藉 마음의 위안	心灵的慰藉，是孤独时光的陪伴。 Xīnlíng de wèijiè, shì gūdú shíguāng de péibàn. 마음의 위안은 고독한 시간의 동반자이다.
减轻……悲痛/痛苦 ~비통함/고통을 줄이다	你的病可以吃些止痛药物来减轻身体上的痛苦。 Nǐ de bìng kěyǐ chīxiē zhǐtòng yàowù lái jiǎnqīng shēntǐ shàng de tòngkǔ. 당신의 병은 진통제들을 복용하여 육체적 고통을 줄일 수 있습니다.
不仅……，更 ~뿐만 아니라 더	成长，不仅是岁月的积累，更是心智的成熟。 Chéngzhǎng, bùjǐn shì suìyuè de jīlěi, gèng shì xīnzhì de chéngshú. 성장은 세월의 축적일 뿐만 아니라 더욱이 성숙한 마인드이다.
重温……时光 ~시절을 되새기다	儿童节到了，我们可以抛下生活的重负，重温儿时的快乐时光。 Értóng Jié dàole, wǒmen kěyǐ pāoxià shēnghuó de zhòngfù, chóngwēn érshí de kuàilè shíguāng. 어린이날이 왔다. 우리는 삶의 무거운 짐을 벗어버리고 어린 시절의 즐거운 시간을 되새길 수 있다.
深陷绝望 절망에 빠지다	对于深陷绝望的人而言，重要的是，要向亲友，甚至是不相识的人诉说自己的苦痛，而不是保持沉默。 Duìyú shēnxiàn juéwàng de rén éryán, zhòngyào de shì, yào xiàng qīnyǒu, shènzhì shì bù xiāngshí de rén sùshuō zìjǐ de kǔtòng, ér bú shì bǎochí chénmò. 절망에 빠진 사람들에게 중요한 것은 침묵을 지키는 것이 아니라 친구, 심지어 모르는 사람에게 자신의 고통을 털어놓는 것이다.
重燃……希望 ~희망이 다시 피어오르다	医疗救助让我重燃对生活的希望。 Yīliáo jiùzhù ràng wǒ chóngrán duì shēnghuó de xīwàng. 의료 지원은 나에게 삶에 대한 희망을 다시 찾아 주었다.

网络热词 인터넷 유행어	在这个信息爆炸的时代，网络热词成了我们表达情感、记录生活的重要元素。 Zài zhège xìnxī bàozhà de shídài, wǎngluò rècí chéngle wǒmen biǎodá qínggǎn, jìlù shēnghuó de zhòngyào yuánsù. 정보량 폭증의 시대에 인터넷 유행어는 우리들이 감정을 표현하고 삶을 기록하는 중요한 요소가 되었다.
远远望去 멀리서 바라보다	每当下雨的时候，远远望去，大山就像一位漂亮的姑娘。 Měidāng xiàyǔ de shíhou, yuǎnyuǎn wàngqù, dàshān jiù xiàng yí wèi piàoliang de gūniáng. 비가 내릴 때마다 멀리서 바라보면 큰 산은 마치 한 명의 아름다운 소녀 같다.
迅速走红 빠르게 인기를 끌다	很多迅速走红的网络红人受到人们的关注。 Hěn duō xùnsù zǒuhóng de wǎngluò hóngrén shòudào rénmen de guānzhù. 빠르게 인기를 끌고 있는 많은 인플루언서들이 사람들의 주목을 받고 있다.
像……一样 마치 ~처럼	这本书像一把钥匙一样，为我打开了新世界的大门。 Zhè běn shū xiàng yì bǎ yàoshi yíyàng, wèi wǒ dǎkāile xīn shìjiè de dàmén. 이 책은 마치 하나의 열쇠처럼 나에게 신세계의 문을 열어주었다.
人气爆棚 폭발적인 인기	国庆节，西安古城人气爆棚，仿佛全国各地的游客都汇聚到这座充满魅力的城市。 Guóqìng Jié, Xī'ān gǔchéng rénqì bàopéng, fǎngfú quánguó gèdì de yóukè dōu huìjù dào zhè zuò chōngmǎn mèilì de chéngshì. 국경절에 시안 옛 성의 인기는 폭발적이었다. 마치 전국 각지의 관광객들이 모두 이 매력이 넘치는 도시로 모인 것 같았다.
平台大数据/大数据平台 플랫폼 빅데이터/빅데이터 플랫폼	大数据平台是指为了存储、管理和分析海量数据而构建的一种基础设施。 Dàshùjù píngtái shì zhǐ wèile cúnchǔ, guǎnlǐ hé fēnxī hǎiliàng shùjù ér gòujiàn de yì zhǒng jīchǔ shèshī. 빅데이터 플랫폼이란 대량의 데이터를 저장, 관리 및 분석하기 위해 구축된 일종의 기초 시설을 말한다.
浓厚兴趣 깊은 관심	我对户外运动产生了浓厚兴趣，喜欢徒步旅行和攀登山峰。 Wǒ duì hùwài yùndòng chǎnshēngle nónghòu xìngqù, xǐhuan túbù lǚxíng hé pāndēng shānfēng. 나는 야외 스포츠에 깊은 관심을 갖게 되었고, 도보 여행과 등산을 좋아한다.

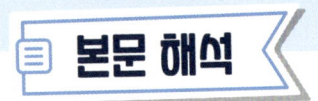

1과

반려동물이 나의 생활을 바꾸다   p.10

　샤오리는 남자친구와 헤어진 후 동시에 자신이 좋아하는 반려견인 아기 골든 리트리버와 함께 하지 못하게 됐다. 샤오리는 매일 아기 골든 리트리버가 그리워서 잠을 이루지 못했다. 그래서 어느 늦은 밤 몰래 전 남자친구의 집으로 돌아와 아기 골든 리트리버를 데려갔다. 처음에는 아기 골든 리트리버가 꺼려하는 것 같았지만 샤오리의 다정한 쓰다듬에 결국에는 얌전히 샤오리를 따라 전 남자친구의 집을 떠났다.

　이 소식은 곧 실검(실시간 검색)에 올랐고 네티즌들의 열띤 토론을 불러일으켰다. 어떤 사람은 "당신들은 화해하는 것이 좋겠어요. 헤어진 후 가장 깊은 상처를 받는 이는 아기 골든 리트리버잖아요."라고 했고, 어떤 사람은 "사랑에 빠진 커플은 반려동물을 키우지 않는 것이 좋겠어요. 안 그러면 헤어지고 나면 반려동물의 양육권은 누구에게 돌아가야 할까요?"라고 했다. 그러나 한 뉴스 보도에 따르면 어떤 말라뮤트는 주인이 헤어진 후 여주인의 부름을 듣고 조용히 현관으로 걸어갔는데 마치 여주인이 데려가기를 기다리고 있는 것 같았다고 했다. 이 모습은 사람들로 하여금 반려동물의 깊은 정에 감탄하게 하고 반려동물도 자신의 감정과 선택이 있다는 것을 알려준다.

　현대 사회에서 점점 더 많은 젊은이들이 반려동물을 키우기 시작했다. 그들은 반려동물을 가족의 일원으로 여기고 심지어 자기 자신보다 더 반려동물을 사랑하기도 한다. 전문가들이 보기에 젊은이들이 점점 더 반려동물 키우기를 좋아하는 이유는 반려동물이 일과 공부로 인한 스트레스를 덜어줄 수 있기 때문이다. 또한, 대도시에서는 많은 젊은이들이 혼자 살면서 오랫동안 가족을 만나지 못하는데 이때 반려동물은 가족 동반이라는 기능을 맡게 된다.

2과

송나라 때 배달 라이더가 있었다   p.20

　현대 사회에서 배달은 이미 우리 생활에서 빼놓을 수 없는 일부분이 되었다. 기술이 발전하면서 배달 서비스는 더욱 편리해졌고, 맛있는 음식을 먹으려는 사람들의 여러가지 미식 욕구를 충족시키고 있다. 그런데 일찍이 송나라 때 이미 최초의 배달 서비스가 등장했고, 배달을 전문으로 하는 젊은 남성들이 있었다는 사실을 알고 있는가?

　송나라 시기에, 중국 남부 지역의 배달 서비스가 매우 발달했었다. 당시 배달 라이더들은 특수 제작된 대바구니를 짊어지고, 각종 먹거리를 포장하여 바구니에 담은 뒤 북적이는 거리 곳곳을 분주히 뛰어다니며 맛있는 음식을 손님들에게 배달했다. 배달 라이더들은 풍부한 경험이 있었고, 거리 구석구석을 잘 알고 있었는데 그들의 신속하고 정확한 배달은 놀라울 정도였다. 심지어 고객의 입맛과 요구에 따라 음식을 맞춤 제작하기도 했는데, 이는 매우 뛰어난 기술이라고 할 수 있다.

　배달 라이더들이 있었기에 사람들의 음식 선택지가 다양해졌다. 그뿐만 아니라 그들은 도시의 번영과 발전에도 기여했다. 그들은 맛있는 음식에 대한 사람들의 욕구를 끊임없이 만족시켰을 뿐만 아니라 동시에 식자재 유통과 시장의 번영도 촉진시켰다. 따라서 송나라의 배달 라이더들이 이미 현대 배달 산업에 탄탄한 기초를 마련했다고 볼 수 있다.

현재 우리는 고도로 발전한 정보화 시대에 접어들었고 배달 서비스는 더욱 편리하고 형태도 다양해졌다. 우리가 배달 문화의 편리함을 누리고 있는 반면 또 대바구니를 등에 짊어지고 거리와 골목을 누비던 송나라 배달 라이더들의 모습을 상상해볼 수 있다. 그들은 지혜와 두 손으로 하나같이 별미의 전설을 써 내려 갔다. 고대의 대바구니 배달이든 현대의 모바일 주문 배달이든, 배달 문화가 전달하는 것은 편리함, 혁신, 그리고 서비스 정신이다. 이것이야말로 배달의 매력이라고 할 수 있다.

3과

위챗 닉네임으로 알아보는 사람의 성격   p.30

우리는 새로운 친구를 사귀거나 위챗(중국의 모바일 메신저)에서 친구를 추가할 때 종종 상대방의 닉네임과 프로필 사진에 관심을 갖는다. 보통 프로필 사진은 자주 바꾸지만, 닉네임은 자주 바꾸지 않는다. 그런데 사실 위챗 닉네임은 그 사람의 성격을 드러낸다.

첫째, 위챗 닉네임을 실명으로 설정하는 사람은 일반적으로 대인 관계를 중요시하고 내면이 강하며 이상주의적인 사람이다. 이들은 현실에서 자신감이 넘치며, 대인 관계에서 진심으로 상대를 대한다. 또 이들은 평범한 삶을 추구한다.

둘째, '고산유수(高山流水)'와 같은 사자성어를 닉네임으로 설정하는 경우이다. 이들은 자연을 가까이 하고 다정다감하며 평정심을 가지고 있다. 또 어떤 이들은 자신의 아명(어릴 때 부르던 이름)을 닉네임으로 설정하기도 하는데 주로 어릴 적 가족들이 지어준 애칭인 경우가 많다. 이런 사람들은 다정하고 긍정적이라는 이미지를 주기 때문에 인간관계가 매우 원만하여 주변 사람과의 관계(또는 우정)가 돈독하고, 주변으로부터 진심이 담긴 칭찬을 자주 듣는다.

마지막으로 이모지 또는 이모티콘으로 닉네임을 설정하는 경우이다. 이모지 또는 이모티콘을 즐겨 쓰는 사람은 유머러스하고 재미있는 사람이다. 이들은 스스로 좋아하는 일을 하며 세상을 재미있는 일이 가득한 곳으로 본다.

위챗 닉네임은 성격에 따라 다양성을 나타내며 각기 다른 사람들의 가치관과 세계관을 반영한다. 어떤 위챗 닉네임을 짓든 개개인의 자유이다.

아이를 키운다는 것은 자신을 다시 돌보는 것과 같다   p.40

　부모로서 우리는 내 아이에게 걱정도 불안도 없는 어린 시절을 보내게 하고 싶어 한다. 그런데 우리는 종종 아이에게 지나친 기대와 부담을 강요할 때가 있다. 부모의 과도한 기대 속에서 성장한 아이는 점점 엄청난 중압감에 시달리게 되어 결국 자유롭지 못하게 된다. 사실 아이를 키우는 것은 어린 시절의 자신을 키우는 것과 같다. 다시 말해 우리는 아이와 함께 성장하는 동시에 자신의 유년 시절의 아쉬움을 달랜다.

　아이를 키우는 과정에서 우리는 바쁘다는 핑계로 아이의 마음을 헤아리지 못할 때가 있고, 자신의 불완전함을 자책하기도 한다. 하지만 내면의 짐을 내려놓고 담담하게 나의 부족함과 실수를 대면해야 한다. 부모가 된 이후 우리는 아이의 모습에서 자신의 어릴 적 모습을 자주 발견할 수 있다. 우리도 한 때는 관심과 공감을 원하는 아이였고, 세상에 대한 호기심이 가득했고 끊임없이 탐색하던 소년이었다. 사실 아이를 양육하면서 우리는 자신의 어린 시절을 되돌아보게 된다. 아이와 함께 성장하고, 아이를 가르치면서 우리 역시 자신의 가치관과 일 처리 방식을 성찰하기도 한다.

　우리는 더 좋은 부모가 되기 위해 노력하는 동시에 더욱 나다워지기 위해 노력하기도 한다. 사실 아이를 키운다는 것은 어린 시절의 자신을 돌보는 것과 같다. 그 과정에는 많은 도전과 기회가 가득하다. 또 스스로 성장하고 성숙해지는 과정이기도 하다. 아이를 기르면서 아이와 함께 성장하고, 함께 아름다운 미래를 만들어 보자.

웹소설의 몰입감   p.50

　'몰입감'이란 무엇인가? 바로 문학 작품에 깊게 몰입하는 감정을 말한다. '몰입감'은 문학 작품이 독자의 공감대를 끌어내는 감정으로, 작품의 스토리 속 등장인물을 통해 독자는 주인공에게 감정이입을 하고, 이로써 작품 속 인물과 같은 감정을 느끼고 같은 운명임을 느낀다.

　'몰입감'은 강한 매력을 지니고 있으며, 이런 몰입감은 최근 웹소설의 필수 특성이 되었다. 그런데 웹소설의 연재와 업데이트되기까지 비교적 많은 시간이 소요되어 독자는 중도에 읽는 것을 포기할 수도 있다. 그러므로 웹소설이 독자를 사로잡기 위해서는 단순한 '읽기'가 아닌 강한 공감대를 형성하게 하는 것이 매우 중요하다. 작품을 읽으면서 독자가 동질감이 느껴져야 끊임없이 독자에게 작품의 매력을 어필할 수 있고, '좋아요', '구독'으로까지 이어질 수 있다.

　인터넷은 독자의 '몰입감'을 형성하는 데 다른 매체와 비교 불가한 강점을 지니고 있다. 이는 웹소설 작가와 독자 사이에 많은 공통 관심사가 존재하기 때문이다. 디지털 기술은 독자의 독서 욕구에 따라 웹소설을 매칭하여 둘 사이의 일치성을 보장한다. 웹소설은 문학으로 분류되긴 하지만 웹소설을 찾아 읽는 독자는 단순히 독서만을 위한 것이 아니라 작가 또는 다른 독자들과 즉각적인 소통을 하기 위해 웹소설을 찾는다. 일종의 집단행동인 것이다. 따라서 웹소설을 읽을 때 독자들이 몰입하는 것은 작품 속 캐릭터뿐만 아니라 그 집단 속에서 이루어지는 심리적 소통이기도 하다.

'몰입감'이 문예(문학과 예술)를 감상하는 것에서 벗어나 대인 관계라는 사회적 영역으로 편입될 때 작품에 잘 몰입한다는 것은 그 사람이 깊은 감수성을 갖고 있다는 것을 의미하며, 나아가 깊은 공감 능력을 갖추고 있다는 것을 의미한다. 그러므로 현실에서 '몰입감'은 긍정적인 의미를 지닌다.

과

사람들에게 주목받는 정서적 가치

p.60

정서적 가치는 간단히 말해서 정서에 따른 긍정적 또는 부정적인 영향과 가치를 의미한다. 이러한 가치는 개인 차원에서 구현될 뿐만 아니라 인간관계, 사회적 상호작용 등 여러 측면까지 이어진다. 정서적 가치는 기쁨, 만족감, 성취감과 같은 긍정적인 경험일 수도 있고, 불안, 우울, 좌절과 같은 부정적인 경험일 수도 있다. 그러나 그 본질이 어떻든 간에 정서적 가치는 우리 삶에서 없어서는 안 되는 일부분이다.

개인 차원에서 정서적 가치는 자신을 인지하고 이해하는 것이다. 감정을 느끼는 과정을 통해 자신의 필요와 욕구를 더 깊이 관찰할 수 있으며 이로써 심리적 욕구를 더 잘 만족시킬 수 있다. 동시에 감정은 나와 타인이 관계를 형성하고 소통하고 교류하도록 하는 다리 역할을 한다. 감정을 표현함으로써 우리는 내 생각과 감정을 전달하고, 서로를 이해하고 신뢰를 쌓을 수 있다.

인간관계와 사회적 상호작용에서 정서적 가치는 매우 중요한 역할을 한다. 긍정 에너지가 가득한 사람은 종종 다른 사람의 주목을 받고 호감을 끌어내고, 이로써 더 좋은 인간관계를 형성할 수 있다. 반면 부정 에너지가 가득한 사람은 인간관계의 긴장을 초래하거나 심할 경우 관계를 단절시킬 수 있어 개인과 사회에 부정적인 영향을 미칠 수 있다.

따라서 자신의 감정을 진심으로 이해하고 바라봐야만 어려운 상황에서 더 잘 대응하고 삶의 아름다움을 만끽할 수 있게 된다. 또한 스스로에게 정서적 가치를 제공하는 방법을 터득하고 외부의 응원과 도움을 받아 건강한 마음 상태와 삶의 질을 유지해야 한다.

과

청년 세대의 불계 취업관을 어떻게 바라볼 것인가? p.70

　사회가 발전하고 경제가 변화하면서 많은 젊은이들이 '불계' 취업관을 받아들이기 시작했다. 즉, 직업과 일에 대한 간절한 바람과 욕구가 부족해졌다. 불계 취업관은 전통적인 직업 가치관과 달라 다양한 논의와 논쟁을 불러일으켰다. 일부 사람들은 긍정적으로 평가하지만, 또 일부 사람들은 개인과 사회 발전에 부정적인 영향을 미친다고 평가한다.

　주지하다시피 불교 문화는 평온함, 자기 수용과 건강을 강조하며, 이는 삶에 유익한 마음가짐과 생활 방식이다. 나아가 급변하는 사회에서 젊은이들이 평정심을 유지하도록 도와준다. 이로 미루어 보아 '불계' 취업관은 소극적인 태도, 행위와 다르다. 많은 젊은이들이 '불계' 취업관을 선택하는 이유는 대세인 직업을 갖고자 하는 데에 피로감과 실의를 느꼈기 때문이지 결코 자기 계발이나 일에 대한 욕구를 포기한 것이 아니기 때문이다. 그들은 단순한 성취와 경제적 부를 위한 노력에만 치중하지 않으며 일과 삶의 균형을 더 중요하게 여긴다.

　앞으로 젊은 세대의 취업관은 계속해서 변화하고 바뀔 것이다. 사회 구성원으로서 우리는 개인의 선택과 가치관을 존중해야 하며, 젊은이들에게 더 많은 기회와 지원을 제공하여 그들이 자신의 꿈과 목표를 실현할 수 있도록 해야 한다.

　결론적으로 '불계' 취업관은 일종의 새로운 취업관으로, 비록 이 취업관이 기존의 성공, 경쟁에 대한 관념과 다르더라도 우리는 모든 젊은이의 선택과 가치관을 존중해야 한다. 또한 열린 마음과 포용적인 태도로 젊은 세대에게 걸맞은 직업 발전의 지원을 제공해야 한다. 이로써 젊은이들이 자아를 실현하는 동시에 사회에도 기여하기를 기대한다.

8 과

AI(인공지능) 기술이 인류에게 주는 타격 p.80

　최근 AI(인공지능) 기술이 빠르게 발전하면서 과학 기술과 산업의 빠른 발전을 이끄는 핵심 기술로 자리 잡았을 뿐더러 경제 사회 발전과 인류 문명의 진보에 지대한 영향을 미치고 있다. 생산성 향상, 삶의 질 개선, 혁신 촉진 등이 그 예이다.

　의료 분야에서 AI는 의사가 더 정확한 진단을 할 수 있게 돕고 의료 서비스의 효율과 퀄리티를 높이는 데 기여할 수 있다. 모빌리티의 경우 자율 주행 기술로 교통의 안전성과 효율성을 향상할 수 있다. 공업 생산의 경우 지능형 로봇은 생산 효율성과 품질을 증대시킬 수 있다. 그밖에 AI는 기후 변화, 에너지 부족 등 범지구적 문제를 해결하는 데에도 도움을 줄 수 있다.

　그러나 AI의 발전은 몇 가지 도전과 과제를 수반한다. 예를 들면 AI로 인해 일부 일자리가 사라질 수 있어 고용과 사회 안정에 영향을 미칠 수 있다. 또 AI의 발전은 해킹, 데이터 유출 등 보안과 프라이버시 문제를 일으킬 수 있다. 이러한 도전과 과제에 대응하기 위해 인류는 일련의 다양한 대응 조치를 취해야 하며, AI를 더욱 연구·개발하여 안전성, 신뢰성, 통제 가능성을 높여야 한다.

    종합적으로 말하자면, AI의 발전은 '양날의 검'과 같다. 인류는 AI가 가져다 주는 이점을 잘 누리면서도 그에 따른 도전과 과제에 적극 대응하여 인간과 AI가 조화롭게 공존하도록 해야 한다.

기후 변화는 감염병 발생의 가장 큰 원인이다   p.90

    산업혁명 이후 인간의 활동이 광범위해지면서 기후 변화를 초래했다. 기후 변화는 일련의 다양한 경로를 통해 인류의 건강에 영향을 미치는데 이 중에는 감염병의 확산과 유행이 있다. 지구 온난화로 인한 강수량과 기온의 변화는 바이러스의 증식 속도에 영향을 미친다. 이는 결국 감염병 발병과 유행을 초래한다. 특히 기상 이변 현상으로 깨끗한 수원(水源)이 파괴되면서 각종 바이러스가 인간과의 감염 루트를 갖게 되어 감염병 발병 리스크가 증가했다.

    우리가 흔히 '독감'이라고 부르는 유행성 감기는 인플루엔자 바이러스로 인한 감염병으로 주로 침방울을 통해 전파된다. 유행성 감기를 유발하는 요인은 다양하지만 기상 요소가 인플루엔자 바이러스 전파의 주요 원인으로 보인다. 여러 연구 결과에 따르면, 온도와 습도는 독감 전파에 현저한 영향을 미친다. 또한 독감의 발생도 추운 날씨와 건조한 기후의 영향을 받는다. 그 밖에 기후 변화가 초래한 기상 이변 현상이 점차 증가하면서 황사와 미세먼지도 독감 발병에 영향을 미친다.

    주지하다시피 2019년 말 발생한 코로나19는 현재 가장 심각한 공중 보건 위기가 되었다. 새로운 바이러스의 지속적인 출현은 어쩌면 수만 년에 걸쳐 이루어지는 자연 진화 과정을 기후 변화가 파괴하여 바이러스가 빠르게 변이함으로써 인간을 감염시키는 것일 수 있다. 기후 변화가 초래한 코로나19는 인류 사회에 경종을 울렸다. 기상 이변 현상으로 인한 감염병 발병을 직면하고 있는 상황에서 우리는 효과적인 예방 조치를 취할 수 있도록 기상 이변에 대한 모니터링을 강화해야 한다. 마지막으로, 또한 사람들이 극단적인 날씨와 감염병 발생의 위험성을 이해하고 올바른 예방 및 대응 방법을 숙지하여 스스로 보호할 수 있는 힘을 키우도록 해야 한다.

10과

새로운 노인 요양 방식 '세대 간 공동 거주'   p.100

　저장(浙江)성 진윈(縉云)에서 '세대 간 공동 거주'라는 노인 요양 방식이 큰 관심을 받고 있다. 링링허우(2000~2009년 출생한 세대)들이 요양원에 거주하는 형식인데 이들은 요양원에 살면서 매달 1,000위안의 임대료를 지불한다. 만약 한 달 동안 요양원 자원봉사 시간이 10시간이면 200위안의 임대료가 면제되고, 20시간의 자원봉사를 하면 500위안의 임대료가 면제되며, 30시간의 자원봉사를 하면 임대료 전액이 면제된다.

　전통적인 노인 요양 방식은 많은 노인들이 요양원에 입소하여 케어 받는 것을 선택했다. 그러나 그 과정에서 여전히 많은 노인들이 외로움을 느꼈다. 이러한 요양 방식은 시대착오적이다. 그런데 진윈에서 시행하는 '세대 간 공동 거주'라는 요양 방식은 새로운 노인 요양 서비스를 시도하는 것일 뿐만 아니라 사회적 책임과 인도적 배려의 표현이기도 하다. 이곳에서 젊은이들의 자원봉사 항목은 정해진 것이 없이 매우 다양하다. 어르신과 함께 책을 읽거나 장기를 두기도 하고, 휴대전화와 같은 첨단 기술 제품 사용법을 가르쳐 주기도 한다. 이런 상호 교류를 통해 노인들이 시대에 뒤처지지 않도록 도와주고 사회의 온기와 사랑을 느낄 수 있게 한다.

　진윈의 '세대 간 공동 거주'를 통해 우리는 새로운 사회 발전 추세를 살펴볼 수 있다. 그것은 바로 향후 노인 요양 문제는 개별적인 문제가 아니라 다양한 측면과 다양한 차원에서 다뤄질 사회 문제라는 것이다. '세대 간 공동 거주'의 노인 요양 방식은 서로 다른 연령대의 사람들이 서로 배우고, 영향을 주고받게끔 한다. 이는 노년 생활에 대한 새로운 탐구이기도 하고, 젊은이들의 책임감과 사회 참여도에 대한 인정이기도 하다. 그러나 '세대 간 공동 거주'는 현재 아직 탐구 단계에 처해 있어 개선해야 할 부분이 많다. 결론적으로 '세대 간 공동 거주'는 노인 요양 서비스와 사회 공익의 결합으로 사회의 노인 요양 서비스 시스템에 대한 유익한 보완 형식이다.

11과

마음이 따뜻해지는 기술, AI 복원   p.110

　과학 기술과 인간의 감정이 뒤얽힌 세계에서 우리는 종종 죽음으로 인한 이별의 아픔에 놓인다. 그런데 AI 기술의 발전은 우리에게 현실의 경계를 초월할 수 있다는 가능성을 보여주었다. 그 중에서 일명 '디지털 가족 부활 기술'이라는 혁신 기술은 자신만의 독특한 매력으로 많은 사람들의 마음을 따뜻하게 했다. 이 기술은 사망한 가족을 부활시키는 것을 목적으로 하는 혁신 기술이다.

　'디지털 가족 부활 기술'은 고인이 된 가족의 사진, 동영상, 음성 등의 자료가 포함된 생전 데이터를 수집하여 딥러닝과 이미지 렌더링 기술을 활용해 고인의 모습과 최대한 가까운 3D 모델을 생성한다. 이를 기반으로 바이오 테크를 융합해 3D 모델이 어느 정도에서 실제 인물과 유사한 동작을 하고 표정을 지을 수 있도록 한다.

이 기술은 많은 가정에 희망을 가져다 주었다. 상상해 보라. 한 외로운 노인이 AI 기술로 세상을 떠난 지 오래된 가족을 다시 만났는데 그들의 미소, 움직임, 목소리가 눈앞에 되살아난 듯 생생하다. 이런 놀라운 경험은 노인에게 전에는 느낄 수 없던 따뜻함과 위로를 느끼게 해 줄 수 있다. 그뿐만 아니라 사고로 부모를 잃은 어린 아이에게도 마음의 위안을 줄 수 있다. 아이들은 '부활'한 부모와 소통하면서 부모의 사랑을 느끼고 마음의 고통을 덜 수 있다.

'디지털 가족 부활 기술'은 기술의 혁신을 보여주는 것일 뿐만 아니라 감정을 전하는 도구이기도 하다. 사람들은 이 기술로 사랑하는 가족을 잃은 슬픔 속에서 작은 위로와 한 가닥의 희망을 찾을 수 있게 되었다. 이 기술로 우리는 가족의 사랑을 다시 한번 느낄 수 있고 삶의 아름다운 순간들을 되새길 수 있게 되었다. 이 기술의 발전이 절망에 빠진 많은 영혼에게 한 줄기 빛이 되길 바라며, 가족의 곁을 떠난 고인이 다른 형태로 가족 곁에 머물도록 하여 그 가족이 다시금 삶의 희망을 찾을 수 있기를 바란다.

12과
남방의 작은 감자들이 용감하게 하얼빈에 뛰어들다

'남방의 작은 감자'는 인터넷 유행어다. 추위에 약한 남방 관광객들은 동북에 와서 대부분 두꺼운 패딩을 입고 모자, 장갑 등 각종 보온 장비를 착용한다. 게다가 북방 사람들에 비해 키가 비교적 작아서 온몸이 털이 보송보송하고 둥글둥글하게 보인다. 그들이 신나서 북방 하얼빈 시의 빙설 세계로 몰려들어 그곳에서 깡충깡충 뛰며 즐겁게 노는 모습이 멀리서 보면 감자 한 솥과 흡사하여 이후 동북 사람들은 환대의 열정을 표현하기 위해 북방으로 여행 온 남방 관광객을 '남방의 작은 감자'라 불렀다. 이 호칭은 인터넷에서 빠르게 인기를 끌었다.

동북 사람들의 눈에는 비록 남방 사람들은 몸집이 작지만 작은 감자처럼 영양이 풍부하고 맛도 좋다. 이 비유는 남방 사람들에 대한 칭찬과 애정이 가득하고 동북 사람들의 유머와 재치를 나타내기도 한다. '남방의 작은 감자'라는 호칭은 남방 사람들에 대한 동북 사람들의 깊고 돈독한 우정을 담고 있으며 동북 사람들의 두 지역 교류에 대한 기대와 비전을 나타낸다.

2023년 말부터 2024년 초까지 동북 빙설 여행의 인기는 '폭발적'이었다. 한 관광 플랫폼 빅데이터에 따르면 하얼빈의 도시 열기가 지난번 대비 300% 급등하여 2023년 겨울 중국 국내 여행지의 정상이 되었다. 하지만 하얼빈 시가 '남방의 작은 감자'를 열렬히 환영하는 이유는 그들의 지갑에 눈독을 들였을 뿐이라는 의견도 있다. 그러나 부인할 수 없는 것은 현대 사회에서 금전은 모든 것을 평가하는 척도이며 가정에서 우정, 혈육 간의 정에서 낯선 사람까지 금전은 모든 관계를 연결하는 고리임에 틀림없다. 하얼빈 시에게 '남방의 작은 감자'는 현지 문화에 대한 깊은 관심을 불러일으켰을 뿐만 아니라 더 중요한 것은 상당한 소비력을 가져왔고 이것이 하얼빈 시가 그들을 환영하는 가장 중요한 이유가 되었다.

확인하기 & 문제 만나기 정답

1과

확인하기

1 ④   2 ③   3 ②   4 ①

문제 만나기

1 ❶ ✕   ❷ ○   ❸ ○   ❹ ○

2 ❶ A   ❷ B   ❸ C   ❹ D

3 ❶ 一旦你开始了这项新工作，就要努力做到最好。
   ❷ 一旦到了那个年龄，很多人就要开始承担自己的责任。

4 ❶ 我去学校。
   ❷ 我们认识了两个中国朋友。

5 ❶ 似乎在等待女主人把它带走。
   ❷ 宠物也有着自己的情感和选择。
   ❸ 是因为宠物能帮助自己减轻工作、学习带来的压力，而且在大城市，很多年轻人是独自居住的，很长一段时间见不到家人，这时候，宠物就承担了家人陪伴的功能。

2과

확인하기

1 ④   2 ①   3 ②   4 ②

문제 만나기

1 ❶ ○   ❷ ✕   ❸ ○   ❹ ✕

2 ❶ A   ❷ D   ❸ C   ❹ D

3 ❶ 早在盛唐时代，就有人开始研究佛教了。
   ❷ 早在旧石器时代晚期，弓箭就出现了。

4 ❶ 这个地区的物流十分发达。
   ❷ 发展农业经济对一个国家很重要。

5 ❶ 他们的迅速和准确令人惊叹。
   ❷ 不仅丰富了人们对饮食的选择，也为城市的繁荣发展提供了一份力量。
   ❸ 外卖服务更加便捷和多样化。

3과

확인하기

1 ②   2 ①   3 ④   4 ③

문제 만나기

1 ❶ ○   ❷ ✕   ❸ ○   ❹ ○

2 ❶ C   ❷ A   ❸ D   ❹ D

3 ❶ 人的身体因运动而变得健康。
   ❷ 人的一生因有了酸甜苦辣而变得丰富多彩。

4 ❶ 这部小说反映了现实中的社会问题。
   ❷ 他的身体对咖啡的反应很大。

5 ❶ 对方的微信昵称和头像。
   ❷ 注重人际交往，并有着强大的内心，还是一个理想主义者。
   ❸ 不同人群的生活观和世界观。

4과

확인하기

1 ❸   2 ❹   3 ❸   4 ❷

문제 만나기

1 ❶ ×   ❷ ○   ❸ ×   ❹ ○

2 ❶ C   ❷ A   ❸ C   ❹ B

3 ❶ 外边的孩子在踢足球。
　❷ 我一直在考虑就业的问题。

4 ❶ 同学们现在在看电视。
　❷ 他们昨天写作业花了一个小时。

5 ❶ 一个无忧无虑的童年。
　❷ 父母曾经也是那个渴望被关注、被理解的孩子，也是那个对世界充满好奇、不断探索的少年。
　❸ 这是一个充满挑战和机遇的过程，也是一个自我成长和升华的过程。

5과

확인하기

1 ❹   2 ❸   3 ❹   4 ❶

문제 만나기

1 ❶ ○   ❷ ×   ❸ ○   ❹ ×

2 ❶ B   ❷ A   ❸ B   ❹ D

3 ❶ A   ❷ C   ❸ A

4 ❶ 因为天气太热了，所以大家都不想出门。
　❷ 我们之所以今天出发，是因为明天可能会下雨。

5 ❶ 始终保持吸引力，并激发点赞、订阅等行为。
　❷ 以保证两者之间的契合。
　❸ 与作者或其他读者进行即时互动，这是一种集体性的行动。

6과

확인하기

1 ❹   2 ❷   3 ❸   4 ❸

문제 만나기

1 ❶ ○   ❷ ×   ❸ ○   ❹ ×

2 ❶ B   ❷ A   ❸ D   ❹ C

3 ❶ 所谓朋友，就是在你需要时伸出援手，帮助你克服困难的人。
　❷ 所谓幸运，就是当你准备好了的时候，机会就来了。

4 ❶ 妈妈经常向老师了解我在学校的学习情况。
　❷ 对于学生来说，理解这篇课文确实很难。

5 ❶ 例如，焦虑、沮丧、挫败感等。
　❷ 从而更好地满足自己的心理需求。
　❸ 从而建立起来良好的人际关系。

7과

확인하기

1 ❷   2 ❹   3 ❸   4 ❹

확인하기 & 문제 만나기 정답

문제 만나기

1 ① ×   ② ×   ③ ○   ④ ×
2 ① A   ② D   ③ C   ④ D
3 ① 天气预报说今天会下雨，而我却忘记带伞。
   ② 咖啡店人很多，又很吵，而我却喜欢在这里学习。
4 ① 每一天都在改变，不要用原来的方法解决问题。
   ② 有些动物对天气的变化非常敏感。
   ③ 生物种群的特性在漫长的进化过程中不断演变，适应环境的变化。
5 ① 强调平和、自我接纳和健康。
   ② 是因为他们对于主流职业观念的追求感到疲惫和失落。
   ③ 开放和包容的心态。

8과

확인하기

1 ④   2 ②   3 ①   4 ②

문제 만나기

1 ① ○   ② ×   ③ ○   ④ ×
2 ① D   ② B   ③ D   ④ C
3 ① 老师让学生写论文。
   ② 学校推荐她担任校长。
4 ① 他的观点很正确。
   ② 他研究出来的实验数据很准确。
5 ① 例如，提高生产力、改善生活质量、促进创新等。
   ② 气候变化、能源短缺等。
   ③ 也要积极应对人工智能带来的挑战和问题。

9과

확인하기

1 ③   2 ②   3 ④   4 ①

문제 만나기

1 ① ×   ② ○   ③ ×   ④ ○
2 ① A   ② C   ③ A   ④ B
3 ① 学校应该在马拉松赛道旁设立饮水点，以便选手们及时补充水分。
   ② 应该按颜色把玩具分类，以便下次快速找到自己想要的。
4 ① 他的工作效率非常高，从而能够在短时间内完成任务。
   ② 他在学习上取得了很大的进步，进而在事业上也获得了不小的成就。
5 ① 破坏清洁的水源。
   ② 受到寒冷和干燥气候条件的影响。
   ③ 以此来提高自我保护的能力。

10과

확인하기

1 ①   2 ④   3 ④   4 ②

문제 만나기

1 ① ○   ② ○   ③ ×   ④ ○

2 ❶ B　　❷ C　　❸ B　　❹ D

3 ❶ 学习知识的时候，把理论和实践相结合，这样我们才能真正理解知识。
　❷ 这部电影成功的原因是把幽默的情节和深刻的人生道理相结合，所以很受观众喜爱。

4 ❶ 他解释了半天，但是我仍旧没听懂。
　❷ 十年过去了，这条街依旧那么热闹。

5 ❶ 是一种社会责任和人文关怀的体现。
　❷ 可以是陪老人阅读，下棋，也可以是教授老人使用手机等现代科技产品。
　❸ 还有很多地方需要完善。

11과

확인하기

1 ❹　　2 ❶　　3 ❷　　4 ❸

문제 만나기

1 ❶ ○　　❷ ○　　❸ ×　　❹ ×

2 ❶ B　　❷ C　　❸ C　　❹ D

3 ❶ B　　❷ C　　❸ A

4 ❶ 听到他去世的消息，全家人都沉浸在深深的悲痛中。
　❷ 我去年发生了交通事故，我忘不了那场事故给我带来的身体上的痛苦。

5 ❶ 旨在让逝去的亲人重新回到生活中的一项创新技术。
　❷ 采集亲人的生前数据，包括照片、视频、语音等，利用深度学习和图像渲染技术。
　❸ 亲人的关爱，重温那些美好的时光。

12과

확인하기

1 ❶　　2 ❸　　3 ❸　　4 ❷

문제 만나기

1 ❶ ○　　❷ ○　　❸ ×　　❹ ×

2 ❶ C　　❷ A　　❸ A　　❹ C

3 ❶ 虽然 / 但是
　❷ 之所以 / 无非是
　❸ 不仅 / 更重要的是

4 ❶ 当我进入会场时，我发现现场很热烈。
　❷ 在老师的鼓励下，我的学习热情越来越高涨。

5 ❶ 厚厚的羽绒服，还有帽子、手套等各种保暖装备。
　❷ 东北人的幽默和风趣。
　❸ 不仅带来了对当地文化的浓厚兴趣，更重要的是，他们带来了可观的消费力。

단어 색인

A

阿拉斯加 ālāsījiā	말라뮤트[견종]	12 (1과)
爱称 àichēng	애칭(하다)	32 (3과)
安全 ānquán	안전(하다)	13 (1과)
安慰 ānwèi	위로하다, 위안(하다)	112 (11과)
昂贵 ángguì	물건 값이 비싸다	103 (10과)

B

扮演 bànyǎn	역을 맡다	62 (6과)
绑定 bǎngdìng	연동하다, 묶어두다	50 (5과)
包袱 bāofu	부담, 무거운 짐	41 (4과)
包括 bāokuò	포괄하다, 포함하다	90 (9과)
包容 bāoróng	포용(관용)하다, 수용하다	72 (7과)
保持 bǎochí	지키다, 유지하다	51 (5과)
保护 bǎohù	보호(하다)	13 (1과)
保暖装备 bǎonuǎn zhuāngbèi	보온 장비	120 (12과)
保证 bǎozhèng	보증(하다), 확보(하다)	52 (5과)
暴涨 bàozhǎng	폭등하다, 갑자기 불어나다	122 (12과)
爆发 bàofā	폭발하다, 돌발하다, 갑자기 터져 나오다	90 (9과)
爆棚 bàopéng	대만원이다, 일반인의 관심이 매우 높다	122 (12과)
背 bēi	업다, (등에) 짊어지다	20 (2과)
悲痛 bēitòng	비통(하다), 슬프다, 슬픔	112 (11과)
奔跑 bēnpǎo	빨리 뛰다, 분주히 싸다니다	21 (2과)
本质 běnzhì	본질, 본성	53 (5과)
蹦蹦跳跳 bèngbèng tiàotiào	활발하게 뛰는 모양, 깡충깡충	120 (12과)
比喻 bǐyù	비유	121 (12과)
彼此 bǐcǐ	피차, 상호, 쌍방, 서로	62 (6과)
变小 biànxiǎo	작아지다, 줄어들다	43 (4과)
变异 biànyì	변이(하다)	92 (9과)
便捷 biànjié	간편하다, 민첩하다	20 (2과)
标尺 biāochǐ	잣대, 척도	122 (12과)
表达 biǎodá	표현하다, 나타내다	62 (6과)
病毒 bìngdú	바이러스	90 (9과)
补充 bǔchōng	보충(하다), 보완하다	103 (10과)
不断 búduàn	끊임없이, 부단히, 늘	22 (2과)
不仅如此 bùjǐn rúcǐ	그뿐만 아니라	112 (11과)
不可或缺 bù kě huò quē	없어서는 안 된다, 필수 불가결하다	20 (2과)
不利于 búlì yú	~에 불리하다, ~에 좋지 않다	70 (7과)
不亦乐乎 bú yì lè hū	어찌 기쁘지 않겠는가, 즐겁다, 신나다	120 (12과)
不足 bùzú	부족하다, 모자라다	41 (4과)
步伐 bùfá	발걸음, 보조	102 (10과)

C

采集 cǎijí	채집(하다), 수집(하다)	110 (11과)
采取 cǎiqǔ	채용하다, 채택하다, 취하다	82 (8과)
参与度 cānyùdù	참여도	102 (10과)
层次 céngcì	순서, 단계, 차원	102 (10과)
层面 céngmiàn	차원, 측면	60 (6과)
曾经 céngjīng	일찍이, 이전에, 이미, 벌써	42 (4과)
产量 chǎnliàng	생산량	93 (9과)
产生 chǎnshēng	발생(하다), 생기다, 출현(하다)	80 (8과)
产业 chǎnyè	산업	22 (2과)
尝试 chángshì	시험(해 보다), 시행(해 보다)	101 (10과)
场景 chǎngjǐng	장면, 모습	12 (1과)
超过 chāoguò	초과하다, 상회하다	12 (1과)

超越 chāoyuè	뛰어넘다, 넘어서다, 초월하다 —— 110 (11과)
称呼 chēnghu	부르다, 일컫다 —— 120 (12과)
成就感 chéngjiùgǎn	성취감 —— 60 (6과)
成熟 chéngshú	성숙하다, 적당한 시기에 이르다 —— 103 (10과)
成员 chéngyuán	구성 인원, 성원 —— 72 (7과)
成长 chéngzhǎng	성장하다, 자라다 —— 40 (4과)
呈现 chéngxiàn	나타내다, 양상을 띠다, 드러내다 —— 32 (3과)
承担 chéngdān	담당하다, 맡다 —— 13 (1과)
冲击 chōngjī	충돌하다, 충격, 쇼크 —— 80 (8과)
充满 chōngmǎn	가득차다, 충만하다, 넘치다 —— 13 (1과)
重燃 chóngrán	다시 살리다 —— 113 (11과)
重温 chóngwēn	기억을 되살리다, 회상하다 —— 112 (11과)
重现 chóngxiàn	다시 나타나다, 재현하다 —— 112 (11과)
重新 chóngxīn	다시, 재차, 새로이 —— 40 (4과)
宠物 chǒngwù	반려동물, 애완동물 —— 10 (1과)
酬劳 chóuláo	노고에 보답하다, 위로금, 사례금 —— 73 (7과)
初步 chūbù	시작 단계의 초보적이다 —— 103 (10과)
储备 chǔbèi	비축하다, 저장하다 —— 73 (7과)
处处 chùchù	도처에, 어디든지, 각 방면에 —— 32 (3과)
处于 chǔyú	(어떤 지위나 상태에) 처하다 —— 102 (10과)
传播 chuánbō	전파하다, 널리 퍼뜨리다 —— 90 (9과)
传递 chuándì	전달하다, 전하다 —— 23 (2과)
传奇 chuánqí	전설, 전기, 레전드 —— 22 (2과)
传染病 chuánrǎnbìng	전염병, 감염병 —— 90 (9과)
传统 chuántǒng	전통, 고유 —— 70 (7과)
创新 chuàngxīn	(새 것을) 창조하다, 혁신하다 —— 23 (2과)
创造 chuàngzào	창조하다, 만들다 —— 22 (2과)
纯表情 chúnbiǎoqíng	이모지 —— 32 (3과)
此外 cǐwài	이 밖에, 이 외에 —— 81 (8과)
刺激 cìjī	자극(하다) —— 33 (3과)
从而 cóng'ér	따라서, 그리하여, ~함으로써 —— 40 (4과)
从容 cóngróng	침착하다, 조용하다 —— 32 (3과)
从事 cóngshì	종사하다, 일을 하다 —— 20 (2과)
促进 cùjìn	촉진하다 —— 22 (2과)
存在 cúnzài	존재(하다), 현존(하다) —— 22 (2과)
挫败感 cuòbàigǎn	좌절감, 패배감 —— 60 (6과)
措施 cuòshī	조치(하다), 대책 —— 82 (8과)
错误 cuòwù	실수, 잘못 —— 41 (4과)

D

打包 dǎbāo	포장하다 —— 20 (2과)
大城市 dàchéngshì	대도시, 큰 도시 —— 12 (1과)
大方 dàfāng	시원스럽다, 대범하다 —— 123 (12과)
大力 dàlì	강력하게, 힘껏 —— 83 (8과)
代沟 dàigōu	세대차 —— 103 (10과)
代入 dàirù	대입(하다), 몰입(하다) —— 50 (5과)
代入感 dàirùgǎn	몰입감 —— 50 (5과)
带动 dàidòng	이끌어 나가다, 선도하다 —— 123 (12과)
待客 dàikè	손님을 대접하다 —— 120 (12과)
待人 dàirén	사람을 대접하다, 사람을 대우하다 —— 31 (3과)
单纯 dānchún	단순히, 오로지 —— 51 (5과)
诞生 dànshēng	탄생하다, 태어나다 —— 20 (2과)
当前 dāngqián	눈앞, 직면하다 —— 92 (9과)
导致 dǎozhì	야기하다, 초래하다 —— 62 (6과)
道路 dàolù	도로, 길, 진로 —— 43 (4과)

단어 색인

等待 děngdài	기다리다	12 (1과)
等于 děngyú	~와 같다, 맞먹다	40 (4과)
点餐 diǎncān	(요리를) 시키다, 주문하다	23 (2과)
点赞 diǎn zàn	좋아요(를 누르다)	51 (5과)
奠定 diàndìng	다지다, 닦다, 쌓다	22 (2과)
顶流 dǐngliú	거슬러 올라가다, 역류하다, 탑, 정상	122 (12과)
订阅 dìngyuè	구독(하다)	51 (5과)
定制 dìngzhì	주문하여 만들다, 맞춤 제작하다	21 (2과)
动植物 dòngzhíwù	동식물	93 (9과)
动作 dòngzuò	동작, 행동, 움직이다	111 (11과)
独特 dútè	독특하다, 특수하다	110 (11과)
独自 dúzì	단독으로, 혼자서	12 (1과)
读者 dúzhě	독자	50 (5과)
短缺 duǎnquē	결핍(하다), 부족(하다)	81 (8과)
多样 duōyàng	다양(하다)	102 (10과)
多样化 duōyànghuà	다양화(하다)	22 (2과)
多种多样 duō zhǒng duō yàng	가지각색(의), 여러 가지(의)	32 (3과)

F

发达 fādá	발달하다, 번성하다	20 (2과)
繁多 fánduō	대단히 많다, 풍부하다	23 (2과)
繁荣 fánróng	번영하다, 번창하다	22 (2과)
反映 fǎnyìng	반영(하다)	33 (3과)
房租 fángzū	집세, 숙박료	100 (10과)
仿佛 fǎngfú	마치 ~인 듯하다	112 (11과)
放弃 fàngqì	버리다, 포기하다	50 (5과)
放下 fàngxià	내려놓다	41 (4과)
飞沫 fēimò	비말	91 (9과)
分手 fēnshǒu	헤어지다, 이별하다	10 (1과)
奋斗 fèndòu	분투하다, 노력하다	72 (7과)
风趣 fēngqù	재미, 해학, 유머	32 (3과)
风险 fēngxiǎn	위험, 리스크	90 (9과)
佛系 fó xì	불계[모든 일을 담담하게 보며 살아가는 생활 태도]	70 (7과)
否认 fǒurèn	부인하다, 부정하다	122 (12과)
否则 fǒuzé	안 그러면, 그렇지 않으면	11 (1과)
符号 fúhào	부호, 기호	32 (3과)
抚慰 fǔwèi	위안하다, 위로하다, 쓰다듬다	10 (1과)
抚养权 fǔyǎng quán	양육권	11 (1과)
付费 fùfèi	비용을 지불하다	53 (5과)
负面 fùmiàn	부정적인 면, 나쁜 면	60 (6과)
复活 fùhuó	부활(하다), 소생(하다)	110 (11과)
复原 fùyuán	복원(하다), 회복(하다)	110 (11과)
复杂 fùzá	복잡하다, 번거롭다	53 (5과)

G

改善 gǎishàn	개선(하다)	80 (8과)
改正 gǎizhèng	개정(하다), 시정(하다)	43 (4과)
干燥 gānzào	건조하다	92 (9과)
感冒 gǎnmào	감기(에 걸리다)	91 (9과)
感受 gǎnshòu	느낌, 심정, 마음	41 (4과)
感受力 gǎnshòulì	감수성	52 (5과)
感染 gǎnrǎn	전염되다, 감염하다	90 (9과)
感叹 gǎntàn	감탄하다	12 (1과)
感同身受 gǎn tóng shēn shòu	동질감을 느끼다	50 (5과)
岗位 gǎngwèi	직책, 직장, 일자리	82 (8과)
高度 gāodù	고도, 정도가 매우 높다	22 (2과)

高山流水 gāo shān liú shuǐ	고산유수, 청산유수 — 31 (3과)
革命 gémìng	혁명(하다) — 90 (9과)
革新 géxīn	혁신(하다) — 112 (11과)
个体 gètǐ	개체, 개인 — 53 (5과)
跟上 gēnshang	뒤따르다, 따라붙다 — 102 (10과)
跟随 gēnsuí	뒤따르다, 동행하다, 따라가다 — 10 (1과)
更换 gēnghuàn	교체하다, 변경하다 — 30 (3과)
更新 gēngxīn	갱신하다, 업데이트하다 — 50 (5과)
工业 gōngyè	공업 — 81 (8과)
公共卫生 gōnggòng wèishēng	공중보건, 공중위생 — 92 (9과)
公益 gōngyì	공익 — 103 (10과)
公众 gōngzhòng	공중(의), 대중(의) — 93 (9과)
功能 gōngnéng	기능, 작용, 효능 — 13 (1과)
攻击 gōngjī	공격(하다) — 82 (8과)
共处 gòngchǔ	공존하다 — 83 (8과)
共命运 gòng mìngyùn	운명을 같이 하다 — 50 (5과)
共通 gòngtōng	공통의, 공통(되다) — 52 (5과)
贡献 gòngxiàn	공헌(하다), 기여(하다) — 73 (7과)
沟通 gōutōng	교류하다, 소통하다 — 52 (5과)
孤独 gūdú	고독하다 — 101 (10과)
孤立 gūlì	고립되어 있다, 고립하다, 고립시키다 — 102 (10과)
固定 gùdìng	고정된, 일정(불변)한 — 102 (10과)
顾客 gùkè	고객, 손님 — 21 (2과)
乖乖地 guāiguāi de	순순히, 가만히, 고분고분 — 10 (1과)
关爱 guān'ài	사랑, 관심 — 12 (1과)
关心 guānxīn	관심(을 가지다) — 30 (3과)
关心度 guānxīndù	관심도 — 83 (8과)
关注 guānzhù	관심(을 가지다), 배려(하다) — 42 (4과)
关注点 guānzhùdiǎn	관심사 — 60 (6과)
观点 guāndiǎn	관점, 입장 — 63 (6과)
观念 guānniàn	관념, 생각 — 33 (3과)
光明 guāngmíng	광명, 빛 — 113 (11과)
广泛 guǎngfàn	광범(위)하다, 폭넓다, 대거 — 70 (7과)
归 guī	돌아가다, 돌려주다, 돌아오다 — 11 (1과)
归类 guīlèi	분류하다 — 52 (5과)
规划 guīhuà	계획(하다), 기획(하다) — 63 (6과)
锅 guō	냄비, 솥, 가마 — 120 (12과)
过多 guòduō	너무 많다, 과다하다, 과잉되다 — 40 (4과)
过高 guògāo	지나치게 높다 — 40 (4과)

H

哈尔滨 Hā'ěrbīn	하얼빈 [헤이룽장 성의 성도] — 120 (12과)
寒冷 hánlěng	몹시 춥다 — 92 (9과)
好感 hǎogǎn	호감 — 62 (6과)
好奇 hàoqí	호기심이 많다 — 13 (1과)
好玩 hǎowán	재미있다, 흥미 있다 — 32 (3과)
好友 hǎoyǒu	친한 친구 [加……好友는 SNS에서 '친구 추가'의 의미] — 30 (3과)
和好 héhǎo	화해하다, 사이가 다시 좋아지다 — 11 (1과)
和谐 héxié	잘 어울리다, 조화롭다 — 83 (8과)
黑客 hēikè	해커 — 82 (8과)
衡量 héngliáng	판단하다, 평가하다, 따져보다 — 122 (12과)
忽略 hūlüè	소홀히 하다, 등한히 하다 — 41 (4과)
互动 hùdòng	서로 왕래하다, 상호 교류하다, 상호 작용, 서로 영향을 주다 — 52 (5과)
互联网 hùliánwǎng	인터넷 — 51 (5과)

단어 색인

环比 huánbǐ	지난번 대비 데이터, 연쇄 지수 —— 122 (12과)	简而言之 jiǎn ér yán zhī	간단히 말해서 —— 60 (6과)
换位思考 huànwèi sīkǎo	상대방의 입장에서 생각하다 53 (5과)	建立 jiànlì	설립하다, 세우다, 맺다 —— 61 (6과)
		降雨 jiàngyǔ	강우, 비가 내리다, 비를 내리다 —— 90 (9과)

J

机遇 jīyù	좋은 기회, 찬스 —— 42 (4과)	交流 jiāoliú	교류하다, 왕래하다 —— 61 (6과)
积极 jījí	적극적이다, 열성적이다 33 (3과)	交通 jiāotōng	교통 —— 80 (8과)
基础 jīchǔ	토대, 기초 —— 22 (2과)	交往 jiāowǎng	왕래하다, 교제하다 —— 13 (1과)
基因 jīyīn	유전자 —— 113 (11과)	交织 jiāozhī	엇갈리다, 뒤엉키다, 교차하다 —— 110 (11과)
激发 jīfā	불러일으키다 —— 51 (5과)	焦虑 jiāolǜ	마음을 졸이다, 애타게 근심하다 —— 60 (6과)
极端天气 jíduān tiānqì	극단적인 날씨, 기상이변 —— 90 (9과)	娇小 jiāoxiǎo	귀엽고 작다, 아기자기하다 —— 121 (12과)
即 jí	즉, 바로, 다시 말해서 —— 70 (7과)	角落 jiǎoluò	구석, 모퉁이, 구석진 곳 —— 21 (2과)
即时 jíshí	즉시, 즉각 —— 52 (5과)	教授 jiāoshòu	교수하다, 전수하다 —— 102 (10과)
疾病 jíbìng	질병, 병 —— 80 (8과)	教导 jiàodǎo	교육 지도하다, 가르치다, 지도하다 —— 42 (4과)
集体 jítǐ	집단, 단체 —— 52 (5과)	阶段 jiēduàn	단계 —— 102 (10과)
技术人员 jìshù rényuán	기술자, 엔지니어 —— 83 (8과)	接纳 jiēnà	받아들이다 —— 70 (7과)
技艺 jìyì	기예, 기술, 재주 —— 21 (2과)	街道 jiēdào	거리, 큰길 —— 21 (2과)
加强 jiāqiáng	강화하다, 보강하다 —— 82 (8과)	街头巷尾 jiētóu xiàngwěi	거리와 골목(의 이곳저곳) —— 22 (2과)
加上 jiāshàng	더하다, 첨가하다 —— 30 (3과)	结合 jiéhé	결합(하다), 결부(하다) —— 103 (10과)
加速 jiāsù	가속시키다, 빨리하다 —— 80 (8과)	界限 jièxiàn	한계, 경계, 끝 —— 110 (11과)
家人 jiārén	가족, 식구 —— 13 (1과)	金钱 jīnqián	금전, 돈 —— 72 (7과)
佳肴 jiāyáo	좋은 요리 —— 123 (12과)	紧张 jǐnzhāng	긴장해 있다, 불안하다 —— 53 (5과)
价值观 jiàzhíguān	가치관 —— 42 (4과)	进而 jìn'ér	더 나아가, 진일보하여, 나아가서 —— 92 (9과)
坚实 jiānshí	견고하다, 튼튼하다, 견실하다 —— 22 (2과)	进化 jìnhuà	진화(하다) —— 92 (9과)
监测 jiāncè	모니터링 —— 92 (9과)	缙云 Jìnyún	진원현 —— 100 (10과)
减免 jiǎnmiǎn	감면하다 —— 100 (10과)	惊叹 jīngtàn	경탄하다, 감탄하다, 놀라다 —— 21 (2과)
减轻 jiǎnqīng	경감하다, 덜다, 가볍게 하다, 줄이다 —— 12 (1과)	精湛 jīngzhàn	능란하다, 뛰어나다, (조예가) 깊다 —— 21 (2과)
简称 jiǎnchēng	약칭(하다) —— 91 (9과)	警惕 jǐngtì	경계(하다), 경계심(을 가지다) —— 93 (9과)

警钟	jǐngzhōng	경종, 비상벨	92 (9과)
就业观	jiùyèguān	취업관	70 (7과)
居住	jūzhù	살다, 거주하다	12 (1과)
沮丧	jǔsàng	낙담하다, 실망하다	60 (6과)
具备	jùbèi	갖추다, 구비하다	51 (5과)
角色	juésè	배역, 캐릭터	50 (5과)
绝望	juéwàng	절망(하다)	113 (11과)

K

开发	kāifā	개발하다	82 (8과)
开放	kāifàng	개방하다, 열다	72 (7과)
看待	kàndài	대하다, 다루다	70 (7과)
看中	kànzhòng	마음에 들다	122 (12과)
看作	kànzuò	~로 보다, ~로 간주하다	12 (1과)
科技	kējì	과학 기술	20 (2과)
可观	kěguān	굉장하다, 가관이다, 상당하다	123 (12과)
可见	kějiàn	~을 알 수 있다	62 (6과)
可靠性	kěkàoxìng	믿음성, 신뢰성	82 (8과)
可控性	kěkòngxìng	통제 가능성	82 (8과)
可谓	kěwèi	~라고 말할 수 있다, ~라고 할 만하다	21 (2과)
渴望	kěwàng	갈망(하다)	42 (4과)
肯定	kěndìng	긍정하다, 인정하다, 긍정적이다	102 (10과)
空间	kōngjiān	공간	40 (4과)
空气	kōngqì	공기	93 (9과)
跨代共居	kuàdài gòngjū	세대 간 공동 거주	100 (10과)
扩大	kuòdà	확대하다, 넓히다	73 (7과)

L

篮子	lánzi	바구니, 광주리	20 (2과)
浪漫	làngmàn	로맨틱하다, 낭만적이다	33 (3과)
乐观	lèguān	낙관(하다), 낙관적(이다)	32 (3과)
理想主义者	lǐxiǎng zhǔyì zhě	이상주의자	30 (3과)
力量	lìliang	힘, 능력, 역량	22 (2과)
利益	lìyì	이익, 이득	73 (7과)
例如	lìrú	예를 들면, 예컨대	82 (8과)
连载	liánzǎi	연재(하다)	50 (5과)
联系	liánxì	연결하다, 연계하다	61 (6과)
良好	liánghǎo	양호하다, 좋다	62 (6과)
两者	liǎngzhě	양자, 양쪽	52 (5과)
灵魂	línghún	마음, 정신, 영혼	113 (11과)
领域	lǐngyù	영역, 분야	52 (5과)
流感	liúgǎn	유행성 감기	91 (9과)
流通	liútōng	유통(하다)	22 (2과)
流行性	liúxíngxìng	유행성, 전염성	91 (9과)
浏览	liúlǎn	대충 훑어보다, 대강 둘러보다	51 (5과)
路径	lùjìng	방법, 방도, 수단, 경로	90 (9과)
旅游平台	lǚyóu píngtái	관광 플랫폼	122 (12과)

M

迈入	màirù	진입하다, 발을 내딛다	22 (2과)
漫长	màncháng	멀다, 길다, 지루하다	50 (5과)
忙碌	mánglù	분망하다, 바쁘다	40 (4과)
毛茸茸	máoróngróng	털투성이, 털이 보송보송하다, 털이 더부룩하다	120 (12과)
矛盾	máodùn	모순(되다)	103 (10과)
媒体	méitǐ	매개체, 매체	51 (5과)

단어 색인

美食 měishí	맛있는 음식	20 (2과)
美味 měiwèi	맛있는 음식, 별미	21 (2과)
魅力 mèilì	매력	23 (2과)
门口 ménkǒu	입구, 현관	12 (1과)
弥补 míbǔ	메우다, 보완하다, 보충하다	40 (4과)
秘密 mìmì	은밀하다, 비밀, 비밀스러운 일	30 (3과)
面对 miànduì	대면하다, 대하다	41 (4과)
面临 miànlín	직면하다, 당면하다	110 (11과)
名为 míngwéi	이름하여, 이른바	110 (11과)
模式 móshì	유형, 모델, 방식, 모식	100 (10과)
陌生人 mòshēngrén	낯선 사람	122 (12과)
某天 mǒu tiān	어느 날	10 (1과)
目的性 mùdìxìng	목적의식, 목적	53 (5과)

N

内心 nèixīn	마음, 내심, 내면	30 (3과)
能源 néngyuán	에너지원, 에너지	81 (8과)
昵称 nìchēng	애칭, 닉네임	30 (3과)
年底 niándǐ	연말, 세밑	92 (9과)
年龄段 niánlíngduàn	연령대, 연령기	102 (10과)
纽带 niǔdài	연결 고리	122 (12과)
农作物 nóngzuòwù	농작물	93 (9과)
浓厚 nónghòu	짙다, 농후하다, 깊다	123 (12과)
暖心 nuǎnxīn	몸을 녹이다, 마음을 녹이다	110 (11과)

P

陪伴 péibàn	동반하다, 동행하다, 시간을 함께 보내다	10 (1과)
烹饪 pēngrèn	요리(하다), 조리(하다)	23 (2과)
疲惫 píbèi	완전히 지쳐 버리다	71 (7과)
匹配 pǐpèi	매칭	52 (5과)
频繁 pínfán	잦다, 빈번하다	30 (3과)
平和 pínghé	평온하다, 평화롭다	70 (7과)
平衡 pínghéng	평형, 균형	71 (7과)
平静 píngjìng	차분하다, 담담하다, 안정되다	32 (3과)
破坏 pòhuài	파괴하다, 훼손하다	90 (9과)
破裂 pòliè	(사이가) 틀어지다, 결렬하다	62 (6과)

Q

期待 qīdài	기대(하다)	112 (11과)
期望 qīwàng	(앞날에 대해) 기대(하다)	40 (4과)
其次 qícì	다음, 그다음	31 (3과)
其实 qíshí	사실은, 실제는	30 (3과)
奇妙 qímiào	기묘하다, 신기하다	112 (11과)
企业 qǐyè	기업, 기업체	73 (7과)
气候变化 qìhòu biànhuà	기후 변화	81 (8과)
气候变暖 qìhòu biànnuǎn	기후 온난화, 기온 상승	90 (9과)
气象 qìxiàng	날씨, 기상	91 (9과)
契合 qìhé	부합하다, 일치하다	52 (5과)
前所未有 qián suǒ wèi yǒu	유례없다, 전에 없다	112 (11과)
钱包 qiánbāo	지갑, 돈주머니	122 (12과)
强大 qiángdà	강하다, 강력하다	30 (3과)
强调 qiángdiào	강조하다	70 (7과)
强加 qiángjiā	강압하다, 강요하다	40 (4과)
强烈 qiángliè	강렬하다, 엄청나다	50 (5과)
悄悄地 qiāoqiāo de	살그머니, 살며시, 조용히	12 (1과)
敲响 qiāoxiǎng	두드려 울리다, 소리를 내다	92 (9과)

桥梁 qiáoliáng	중개, 매개, 다리 — 61 (6과)
亲近 qīnjìn	가깝다, 친근하다, 친밀하다 — 32 (3과)
亲切 qīnqiè	친근하다, 친절하다, 다정하다 — 10 (1과)
亲情 qīnqíng	혈육간의 정 — 122 (12과)
亲人 qīnrén	직계 친속 또는 배우자, 가까운 친척 — 110 (11과)
清洁 qīngjié	청결하다, 깨끗하다 — 90 (9과)
情感 qínggǎn	정감, 감정 — 12 (1과)
情节 qíngjié	줄거리, 구성 — 53 (5과)
情侣 qínglǚ	사랑하는 사람, 애인, 연인 — 11 (1과)
情绪 qíngxù	정서, 기분, 감정 — 50 (5과)
情愿 qíngyuàn	진심으로 원하다, 달게 받다 — 10 (1과)
全球 quánqiú	전 세계, 전 지구 — 81 (8과)
全免 quánmiǎn	전액 면제 — 100 (10과)
趋势 qūshì	추세, 경향 — 102 (10과)
取 qǔ	취하다, 고르다 — 33 (3과)
去世 qùshì	세상을 떠나다, 사망하다 — 111 (11과)
缺乏 quēfá	결핍되다, 모자라다 — 70 (7과)

R

然而 rán'ér	그렇지만, 그러나 — 11 (1과)
热词 rècí	핫 키워드, 화제어 — 120 (12과)
热度 rèdù	열의, 열기 — 122 (12과)
热恋 rèliàn	열애하다, 정열적으로 사랑하다 — 11 (1과)
热搜 rè sōu	인기 검색어, 실검(실시간 검색), 메인 — 10 (1과)
热议 rèyì	열띤 토론을 벌이다 — 10 (1과)
人工智能 réngōng zhìnéng	인공지능, AI — 80 (8과)
人际关系 rénjì guānxi	인맥, 대인 관계, 인간관계 — 60 (6과)
人际交往 rénjì jiāowǎng	인간관계, 대인 관계 — 30 (3과)
人类 rénlèi	인류, 인간 — 60 (6과)
人气 rénqì	인기 — 122 (12과)
人群 rénqún	인류, 사람의 무리 — 33 (3과)
人文关怀 rénwén guānhuái	인간적 관심과 배려, 인문정신 — 101 (10과)
人物 rénwù	인물 — 50 (5과)
人缘 rényuán	인간관계, 인복, 붙임성 — 32 (3과)
忍让 rěnràng	참고 양보하다, 양보, 인내 - 103 (10과)
认同 rèntóng	동일시(하다), 친밀감(을 느끼다) — 50 (5과)
仍旧 réngjiù	여전히, 변함없이 — 102 (10과)
日益 rìyì	날로, 나날이 — 90 (9과)
如 rú	예를 들면 — 60 (6과)
如何 rúhé	어떻게, 어떤 — 70 (7과)
如今 rújīn	지금, 이제, 오늘날 — 22 (2과)

S

三维模型 sānwéi móxíng	3차원 모델, 3D 모델 — 111 (11과)
沙尘暴 shāchénbào	황사, 모래바람 — 92 (9과)
善于 shànyú	~에 능숙하다, ~를 잘한다 — 50 (5과)
伤害 shānghài	상해하다, 해치다, 상해, 상처 11 (1과)
上升 shàngshēng	상승하다, 올라가다, 향상하다 — 51 (5과)
少年 shàonián	소년기, 소년 — 42 (4과)
涉及 shèjí	언급하다, 관련되다, 미치다 — 60 (6과)
身高 shēngāo	신장, 키 — 120 (12과)
身体素质 shēntǐ sùzhì	신체 소질, 신체 조건 — 93 (9과)
深度学习 shēndù xuéxí	딥러닝(deep learning) — 111 (11과)
深情 shēnqíng	깊은(두터운) 정, 깊은 친분 — 12 (1과)
深情厚谊 shēnqíng hòuyì	깊고 돈독한 정 — 122 (12과)

深入	shēnrù	깊이 들어가다, 심화시키다 — 61 (6과)
深陷	shēnxiàn	깊이 빠지다, 깊이 빠져들다 — 113 (11과)
深夜	shēnyè	늦은 밤, 깊은 밤 — 10 (1과)
深远	shēnyuǎn	깊다, 심원하다, 깊고 크다 — 80 (8과)
审视	shěnshì	자세히 (살펴)보다, 심사하고 주시하다 — 42 (4과)
甚至	shènzhì	심지어, 더욱이 — 12 (1과)
生产力	shēngchǎnlì	생산력 — 80 (8과)
生成	shēngchéng	생성되다, 생기다 — 111 (11과)
生活观	shēnghuóguān	가치관 — 33 (3과)
生前	shēngqián	생전, 살아 있는 동안 — 110 (11과)
生死离别	shēngsǐ líbié	생이별 — 110 (11과)
生物科技	shēngwù kējì	바이오테크, 생물 과학기술, 생명공학 — 111 (11과)
升华	shēnghuá	승화(하다), 한층 더 높은 단계로 높여지다 — 43 (4과)
失去	shīqù	잃다, 잃어버리다 — 10 (1과)
失落	shīluò	실의, 서운하다, 허전하다 — 71 (7과)
湿度	shīdù	습도 — 91 (9과)
时常	shícháng	늘, 항상, 자주 — 53 (5과)
时光	shíguāng	시간, 때, 시절 — 112 (11과)
时刻	shíkè	시각, 시간 — 93 (9과)
时尚	shíshàng	세련되다, 유행, 트렌드 — 33 (3과)
实施	shíshī	실시(하다), 시행(하다) — 101 (10과)
实现	shíxiàn	실현하다, 달성하다 — 72 (7과)
食材	shícái	식자재, 식재료 — 22 (2과)
食物	shíwù	음식물 — 93 (9과)
始终	shǐzhōng	시종, 언제나, 늘 — 51 (5과)
世界观	shìjièguān	세계관 — 33 (3과)
事件	shìjiàn	사건, 사태, 일 — 92 (9과)
事业	shìyè	사업, 영업 — 72 (7과)
视频	shìpín	동영상 — 111 (11과)
逝去	shìqù	돌아가시다, 서거하다 — 110 (11과)
收获	shōuhuò	얻다, 거두다, 거두어들이다 — 32 (3과)
手套	shǒutào	장갑 — 120 (12과)
手中	shǒuzhōng	수중, 손안 — 21 (2과)
首先	shǒuxiān	우선, 맨 먼저 — 30 (3과)
舒适	shūshì	기분이 좋다, 쾌적하다 — 33 (3과)
熟悉	shúxī	익히 알다, 상세히 알다, 충분히 알다 — 21 (2과)
数据	shùjù	데이터, 통계 수치 — 82 (8과)
数万	shùwàn	수만, 오만 — 92 (9과)
数字技术	shùzì jìshù	디지털 기술 — 52 (5과)
双刃剑	shuāngrènjiàn	양날의 칼 — 82 (8과)
水源	shuǐyuán	수원, 상수원, 취수원 — 90 (9과)
四字成语	sì zì chéngyǔ	사자성어 — 31 (3과)
似乎	sìhū	마치 (~인 것 같다) — 10 (1과)
宋朝	Sòngcháo	송조, 송나라 시대 — 20 (2과)
随心所欲	suí xīn suǒ yù	자기 뜻대로 하다, 하고 싶은 대로 하다 — 33 (3과)
所谓	suǒwèi	~라는 것은, 소위, 이른바 — 60 (6과)
所在	suǒzài	소재, 존재하는 곳 — 23 (2과)

T

态度	tàidu	태도, 몸짓, 거동 — 71 (7과)
坦然	tǎnrán	마음이 편안한 모양, 태연하다 — 41 (4과)
探索	tànsuǒ	탐색하다, 찾다 — 42 (4과)
讨厌	tǎoyàn	싫어하다, 미워하다 — 13 (1과)
特性	tèxìng	특성 — 50 (5과)

体贴 tǐtiē	자상하게 돌보다, 살뜰히 보살피다 — 32 (3과)
体系 tǐxì	체계, 체제, 시스템 — 103 (10과)
体现 tǐxiàn	구현하다, 체현하다 — 60 (6과)
体验 tǐyàn	체험(하다) — 60 (6과)
替代 tìdài	대체하다, 대신하다 — 53 (5과)
替换 tìhuàn	바꾸다, 교체하다 — 50 (5과)
挑选 tiāoxuǎn	고르다, 선택하다 — 23 (2과)
条件 tiáojiàn	조건, 기준 — 92 (9과)
挑战 tiǎozhàn	도전(하다) — 42 (4과)
特制 tèzhì	특별 제조하다 — 20 (2과)
童年 tóngnián	어린 시절, 어릴 적 — 40 (4과)
痛苦 tòngkǔ	고통, 아픔, 고통스럽다, 괴롭다 — 110 (11과)
偷偷地 tōutōu de	남몰래, 슬그머니 — 10 (1과)
头像 tóuxiàng	프로필 사진 — 30 (3과)
透露 tòulù	드러내다, 폭로하다, 누설하다 — 30 (3과)
突破 tūpò	돌파하다, 타파하다 — 110 (11과)
图像渲染技术 túxiàng xuànrǎn jìshù	이미지 렌더링(rendering) 기술 — 111 (11과)
途径 tújìng	경로, 수단, 루트 — 90 (9과)
推动 tuīdòng	추진(하다), 촉진(하다), 밀고 나아가다 — 80 (8과)
脱轨 tuōguǐ	탈선하다, 벗어나다 — 101 (10과)
脱离 tuōlí	이탈하다, 떠나다, 관계를 끊다 — 52 (5과)

W

外部 wàibù	외부 — 63 (6과)
外卖 wàimài	배달 음식, 포장 판매하다 — 20 (2과)
完美 wánměi	완전하여 결함이 없다, 매우 훌륭하다, 완벽하다 — 41 (4과)
完善 wánshàn	완전하다, 완벽하다, 완전해지게 하다 — 73 (7과)
网络小说 wǎngluò xiǎoshuō	인터넷 소설, 웹소설 — 50 (5과)
网友 wǎngyǒu	네티즌 — 10 (1과)
危害 wēihài	해를 끼치다, 해치다, 손상시키다 — 93 (9과)
危机 wēijī	위기 — 92 (9과)
微信 wēixìn	위챗 [wechat, 중국의 채팅 어플] — 30 (3과)
未来 wèilái	미래, 장래, 앞날 — 43 (4과)
慰藉 wèijiè	위안(하다), 위로(하다), 안심(시키다) — 112 (11과)
温度 wēndù	온도 — 90 (9과)
温暖 wēnnuǎn	따뜻하다, 따스하다 — 102 (10과)
温柔 wēnróu	온유하다, 따뜻하고 상냥하다 — 32 (3과)
温馨 wēnxīn	온화하고 향기롭다, 따스하다 — 33 (3과)
文明 wénmíng	문명, 문화 — 80 (8과)
文学 wénxué	문학 — 50 (5과)
文艺 wényì	문예 [문학과 예술의 총칭] — 52 (5과)
稳定 wěndìng	안정(하다), 변동이 없다 — 82 (8과)
无法匹敌 wúfǎ pǐdí	비교할 수 없다 — 51 (5과)
无非 wúfēi	단지 ~에 지나지 않다 — 122 (12과)
无数 wúshù	무수하다, 매우 많다 — 110 (11과)
无忧无虑 wú yōu wú lǜ	아무런 근심 걱정도 없다 — 40 (4과)
雾霾 wùmái	(초)미세먼지, 스모그 — 92 (9과)

X

吸引力 xīyǐnlì	매력 — 50 (5과)
喜爱 xǐ'ài	좋아하다, 호감을 가지다 — 121 (12과)
下棋 xiàqí	장기를 두다, 바둑을 두다 — 102 (10과)
鲜美 xiānměi	맛이 대단히 좋다 — 121 (12과)
显示 xiǎnshì	드러나다, 나타내다 — 91 (9과)

단어 색인 **165**

단어 색인

显著 xiǎnzhù	현저하다, 뚜렷하다, 두드러지다 — 91 (9과)
现实 xiànshí	현실(적이다) — 31 (3과)
相反 xiāngfǎn	상반되다, 반대되다, 반면 — 62 (6과)
相似 xiāngsì	닮다, 비슷하다 — 111 (11과)
享受 xiǎngshòu	누리다, 즐기다 — 22 (2과)
想念 xiǎngniàn	그리워하다 — 10 (1과)
想象 xiǎngxiàng	상상하다 — 22 (2과)
向往 xiàngwǎng	동경하다, 지향하다 — 33 (3과)
项 xiàng	가지, 항 — 110 (11과)
消费力 xiāofèilì	소비력 — 123 (12과)
消极 xiāojí	소극적이다, 부정적인 — 60 (6과)
消失 xiāoshī	사라지다, 없어지다, 소실하다 — 82 (8과)
消息 xiāoxi	정보, 뉴스, 보도, 기사 — 10 (1과)
小吃 xiǎochī	간단한 음식 — 20 (2과)
小哥 xiǎogē	젊은 남성 [특히 서비스 업종에 종사하는 젊은 남자를 친근하게 부르는 용어] — 20 (2과)
小金毛 xiǎojīnmáo	골든 리트리버 [견종] — 10 (1과)
小名 xiǎomíng	소명, 아명, 어릴 때 부르던 이름 — 32 (3과)
小土豆 xiǎotǔdòu	작은 감자 — 120 (12과)
小心翼翼 xiǎoxīn yìyì	엄숙하고 경건하다, 매우 조심하다 — 123 (12과)
笑容 xiàoróng	웃는 얼굴(표정), 웃음 띤 얼굴(표정) — 112 (11과)
效率 xiàolǜ	효율, 능률 — 80 (8과)
泄露 xièlòu	누설하다, 폭로하다, 흘리다 — 82 (8과)
心灵 xīnlíng	영혼, 마음, 심령 — 110 (11과)
心态 xīntài	심리 상태 — 32 (3과)
欣赏 xīnshǎng	감상하다, 마음에 들어하다 — 52 (5과)
新冠肺炎 xīnguān fèiyán	코로나19 — 92 (9과)

新闻报道 xīnwén bàodào	보도 기사, 뉴스 보도 — 11 (1과)
新兴 xīnxīng	신흥의, 새로 일어난 — 72 (7과)
新型 xīnxíng	신형, 신식 — 92 (9과)
薪水 xīnshuǐ	급료, 급여 — 73 (7과)
信件 xìnjiàn	우편물 — 113 (11과)
信任 xìnrèn	신임(하다) — 62 (6과)
信息 xìnxī	정보, 소식 — 22 (2과)
行为 xíngwéi	행위, 행동 — 51 (5과)
形式 xíngshì	형식, 형태 — 102 (10과)
兴高采烈 xìng gāo cǎi liè	매우 흥겹다, 매우 기쁘다, 신바람 나다 — 120 (12과)
性格 xìnggé	성격, 성정, 개성 — 30 (3과)
性质 xìngzhì	성질, 본질 — 60 (6과)
姓名 xìngmíng	성명, 이름 — 30 (3과)
休闲 xiūxián	휴식 오락 활동, 레저 활동 — 73 (7과)
需求 xūqiú	수요, 필요(로 하다), 요구(되다) — 20 (2과)
宣传 xuānchuán	선전(하다) — 123 (12과)
寻求 xúnqiú	찾다, 탐구하다 — 63 (6과)
迅速 xùnsù	신속하다, 재빠르다 — 21 (2과)

Y

压力 yālì	스트레스 — 12 (1과)
压迫 yāpò	압박(하다), 억압(하다) — 40 (4과)
演变 yǎnbiàn	변화 발전(하다), 변천(하다) — 72 (7과)
养 yǎng	기르다, 사육하다 — 11 (1과)
养老 yǎnglǎo	여생을 보내다, 노인 요양, 양로(하다) — 100 (10과)
养老院 yǎnglǎoyuàn	양로원, 실버타운 — 100 (10과)
养育 yǎngyù	기르다, 양육하다 — 40 (4과)
要不 yàobù	그렇지 않으면, 아니면 — 11 (1과)

夜不能寐 yè bù néng mèi	밤에 잠을 못 이루다	10 (1과)
一批 yìpī	한 무리, 한패	100 (10과)
一丝 yìsī	한 가닥, 아주 조금	112 (11과)
一系列 yíxìliè	일련의	82 (8과)
一员 yìyuán	일원, 구성원	12 (1과)
医疗 yīliáo	의료	80 (8과)
依旧 yījiù	여전하다, 여전히, 그대로	101 (10과)
依靠 yīkào	의지하다, 기대다	113 (11과)
遗憾 yíhàn	유감, 유감스럽다	40 (4과)
疑难杂症 yínán zázhèng	난치병	113 (11과)
以便 yǐbiàn	~하도록, ~하기 위하여	92 (9과)
易 yì	쉽다, 용이하다	103 (10과)
疫情 yìqíng	역병, 전염병	92 (9과)
意外 yìwài	의외이다, 뜻밖이다, 예상 밖이다	112 (11과)
意味着 yìwèizhe	의미하다, 뜻하다	52 (5과)
因素 yīnsù	원인, 조건, 요소	91 (9과)
引导 yǐndǎo	인도하다, 이끌다	50 (5과)
引发 yǐnfā	일으키다, 자아내다, 야기하다	50 (5과)
引起 yǐnqǐ	(주의를) 끌다, 야기하다, 일으키다	10 (1과)
饮食 yǐnshí	음식, 음식을 먹고 마시다	22 (2과)
隐私 yǐnsī	사생활, 프라이버시	82 (8과)
营造 yíngzào	만들다, 조성하다	51 (5과)
影子 yǐngzi	그림자, 모습	42 (4과)
应对 yìngduì	대응하다	62 (6과)
拥抱 yōngbào	받아들이다, 포옹하다	70 (7과)
勇闯 yǒngchuǎng	용감하게 돌진하다	120 (12과)
勇敢 yǒnggǎn	용감하다	113 (11과)
涌向 yǒngxiàng	~에 쇄도하다, ~에 몰려들다	120 (12과)
用户 yònghù	사용자, 가입자	52 (5과)
优势 yōushì	우세, 우위	51 (5과)
优秀 yōuxiù	우수하다, 뛰어나다	43 (4과)
幽默 yōumò	유머, 해학, 익살스럽다	32 (3과)
友情 yǒuqíng	우정, 우의	122 (12과)
友谊 yǒuyì	우의, 우정	32 (3과)
有效 yǒuxiào	유효하다, 효력이 있다	93 (9과)
有益 yǒuyì	유익하다, 도움이 되다	70 (7과)
于是 yúshì	그래서, 그리하여	10 (1과)
羽绒服 yǔróngfú	다운재킷, 오리털 패딩	120 (12과)
语音 yǔyīn	음성	111 (11과)
预防 yùfáng	예방(하다)	93 (9과)
欲望 yùwàng	욕망	43 (4과)
圆滚滚 yuángǔngǔn	포동포동 살찐 모양, 둥글둥글, 동글동글	120 (12과)
远离 yuǎnlí	멀리 떨어지다, 멀리하다	63 (6과)
愿景 yuànjǐng	청사진, 꿈꾸는 미래, 전망, 비전	122 (12과)
阅读 yuèdú	읽다, 열독하다	51 (5과)
蕴含 yùnhán	내재되다, 깃들다, 담겨 있다	122 (12과)

Z

灾害 zāihài	재해	93 (9과)
再有 zàiyǒu	또, 그리고, 게다가	32 (3과)
赞美 zànměi	찬미하다, 칭송하다	32 (3과)
赞赏 zànshǎng	높이 평가하다, 긍정적으로 보다	70 (7과)
造成 zàochéng	조성하다, 만들다, 초래하다	62 (6과)
则 zé	편, 조항, 문제	10 (1과)
责任 zérèn	책임	101 (10과)
责任感 zérèngǎn	책임감	102 (10과)
掌握 zhǎngwò	장악하다, 지배하다	93 (9과)

단어 색인

召唤 zhàohuàn	부르다	12 (1과)
照护 zhàohù	돌보다, 보살펴 주다	101 (10과)
浙江 Zhèjiāng	저장성	100 (10과)
真诚 zhēnchéng	진실하다, 성실하다	31 (3과)
真人 zhēnrén	실재의 인물, 실물	111 (11과)
真实 zhēnshí	진실하다, 참되다	30 (3과)
真正 zhēnzhèng	진실로, 참으로	62 (6과)
诊断 zhěnduàn	진단(하다)	80 (8과)
争论 zhēnglùn	쟁론(하다), 논쟁(하다)	70 (7과)
正面 zhèngmiàn	긍정적인 면, 좋은 면	60 (6과)
证据 zhèngjù	증거, 근거	91 (9과)
政府 zhèngfǔ	정부	83 (8과)
支持 zhīchí	지지하다, 후원하다	63 (6과)
知识 zhīshi	지식, 학식	43 (4과)
旨在 zhǐzài	~를 목적으로 하다, 목적은 ~에 있다	110 (11과)
至关重要 zhìguān zhòngyào	매우 중요하다, 지극히 중요하다	62 (6과)
志愿 zhìyuàn	지원(하다), 자원(하다), 희망(하다)	100 (10과)
志愿服务 zhìyuàn fúwù	지원 복무, 자원봉사 활동	100 (10과)
质量 zhìliàng	질, 품질	63 (6과)
治愈 zhìyù	치유하다	113 (11과)
智慧 zhìhuì	지혜, 슬기	22 (2과)
智能机器人 zhìnéng jīqìrén	지능형 로봇	81 (8과)
智能技术 zhìnéng jìshù	스마트 기술	80 (8과)
众所周知 zhòng suǒ zhōu zhī	모든 사람이 다 알고 있다, 주지하고 있다	70 (7과)
周到 zhōudào	꼼꼼하다, 세심하다	123 (12과)
竹篮 zhúlán	대바구니	20 (2과)
主动 zhǔdòng	능동적이다, 자발적이다, 적극적이다	73 (7과)
主流 zhǔliú	주류, 주요 추세, 주된 경향, 대세	71 (7과)
主人 zhǔrén	주인, 소유주	12 (1과)
主人公 zhǔréngōng	주인공	50 (5과)
注重 zhùzhòng	중시하다	30 (3과)
专门 zhuānmén	전문적으로, 오로지	20 (2과)
专业人士 zhuānyè rénshì	전문인사, 전문가	12 (1과)
转变 zhuǎnbiàn	바뀌다, 전환하다	51 (5과)
状态 zhuàngtài	상태, 양상	63 (6과)
追求 zhuīqiú	추구하다, 좇다	31 (3과)
准确 zhǔnquè	확실하다, 정확하다	21 (2과)
滋生 zīshēng	번식하다	90 (9과)
自动驾驶技术 zìdòng jiàshǐ jìshù	자율주행 기술	80 (8과)
自身 zìshēn	자신, 본인	72 (7과)
自我 zìwǒ	자아, 자기 자신	42 (4과)
自我保护 zìwǒ bǎohù	자아보호, 자기방어	93 (9과)
自我价值 zìwǒ jiàzhí	자기 가치	73 (7과)
自由 zìyóu	자유(롭다)	33 (3과)
自责 zìzé	자책하다	41 (4과)
总的来说 zǒngde lái shuō	전반적으로 말하자면	82 (8과)
总之 zǒngzhī	요컨대, 아무튼, 결론적으로	72 (7과)
走红 zǒuhóng	인기가 오르다, 히트하다	121 (12과)
租金 zūjīn	임대료, 차임	100 (10과)
尊重 zūnzhòng	존중하다, 중시하다	72 (7과)
作为 zuòwéi	~로 하다, ~로 삼다	30 (3과)
作者 zuòzhě	작자, 필자	52 (5과)
做事方式 zuòshì fāngshì	일하는 방식, 일 처리 방식	42 (4과)